일제시기 한국 철도망의 확산과
지역구조의 변동

이 저서는 2011년 대한민국 교육부와 한국학중앙연구원(한국학진흥사업단)
의 한국학총서사업(모던코리아 학술총서)의 지원을 받아 수행된 연구임
(AKS-2011-DAE-3105)

일제시기 한국 철도망의 확산과 지역구조의 변동

초판 1쇄 발행   2017년 4월 25일

지은이 │ 김종혁
펴낸이 │ 윤관백
펴낸곳 │ 도서출판 선인

등 록 │ 제5-77호(1998.11.4)
주 소 │ 서울시 마포구 마포대로 4다길 4(마포동 324-1) 곳마루 B/D 1층
전 화 │ 02) 718-6252 / 6257
팩 스 │ 02) 718-6253
E-mail │ sunin72@chol.com

정가   30,000원
ISBN   979-11-6068-087-4   94900
       979-11-6068-010-2   (세트)

· 잘못된 책은 바꿔 드립니다.
· www.suninbook.com

일제시기 한국 철도망의 확산과 지역구조의 변동

김종혁 지음

19세기 유럽에서 출현한 철도는 유럽인들에게 혁명과 진보의 상징이었다. 석탄과 철이 결합된 증기시대의 화신 즉, 산업혁명의 총아였다. 개인적 주체로서 자신을 자각하기 시작한 근대인들은 철도가 이성과 합리성의 세계를 열었고 무한한 진보로 나아가는 통로라고 생각했다. 철도는 근대문명과 사상의 전령사였다. 그러나 제국주의와 침략의 대명사로서 철도가 드러낸 야누스의 얼굴을 지나쳐서는 안 된다. 철도는 식민지에서 국민경제의 형성을 왜곡하고 현지의 주체적 발전을 억압하는 최첨단 도구였다. 두 차례 세계대전 이후 제국주의적 세계질서가 재편되고 냉전체제가 붕괴된 21세기의 철도, 특히 한반도철도의 역할은 무엇일까? 우리의 연구는 이 질문으로부터 시작하였다.

과거는 미래를 비춰주는 거울이다. 우리의 미래를 비춰줄 한반도철도 100여 년의 역사는 어떠한 모습이었을까? 우리의 연구는 이 질문의 대답을 찾아가는 과정이었다. 1899년 경인철도의 부설로 시작된 한반도철도의 역사는 수탈과 개발의 식민지기와 압축성장을 이룬 1970~80년대를 거쳐 KTX로 상징되는 현재에 이르기까지 수많은 굴곡의 과정을 겪어 왔다. 한반도철도는 일본

제국주의의 침략선으로 출발했지만, 해방 이후 독립국가가 수립되면서 경제성장과 문화교류, 사회통합의 수단으로 중요한 역할을 수행했다. 동시에 지역 불균등을 심화시키기도 했다. 이제 한반도철도는 한반도의 지정학적 위치를 활용하여 동북아 평화공존과 번영의 핵심라인, 즉 공생발전선의 역할을 수행해야 한다.

한국학중앙연구원 한국학진흥사업단의 한국학진흥사업의 일환으로 진행된 이 연구는 한반도철도의 역사와 미래를 함축하는 개념으로 '침략의 길에서 공생발전의 길로'라는 부제를 달고 시작했다. 역사지리, 정치, 사회, 문화, 경제 등 다섯 범주로 나누어 3년간의 연구와 2년간의 정리, 저술 작업을 거쳐『한국 철도의 역사와 문화 총서』5권을 발간하게 되었다. 각 권별로 독립적인 체제를 갖추고 기존 연구를 넘어서는 새로운 시각을 제시하고자 했다. 아울러 총서로서 통일성을 갖추기 위해 나름대로 노력했다. 그러나 여전히 아쉬움이 남는다. 혹시 있을지 모를 내용상 오류와 시각의 불명확함은 오로지 필자들의 책임이라는 말로 총서 발간의 무거움과 두려움을 표한다.

한반도철도의 역할은 단순한 교통수단에 그치는 것이 아니다. 한국 근현대 100년의 시간 동안 정치, 경제, 사회, 문화 각 영역에서 소통의 아이콘으로 변화·발전을 모색하고 있다. 이런 이유로 미래의 한반도철도는 동북아 공생발전망의 핵심으로 발전하여야 한다. 한반도철도의 역사와 문화를 다룬 본 총서가 향후 한반도의 통일과 경제발전 그리고 동북아 평화의 정책적 비전을 제시하는 데 조그마한 도움이라도 되었으면 하는 바람이다.

한반도철도의 역사와 문화를 연구하고 본 총서를 발간할 수 있도록 지원해 준 한국학중앙연구원 한국학진흥사업단에 감사의 말씀을 드린다. 앞으로도 근현대 한국 사회를 들여다볼 수 있는 연구에 대한 지속적인 지원이 한국에서 인문학을 육성하는 데 기여하리라고 기대한다. 또한 어려운 출판

환경에서도 쾌히 본 총서의 발간을 맡아주신 도서출판 선인에게도 심심한
감사의 뜻을 표한다.

2016년 11월
한국 철도의 역사와 문화 총서 연구책임자 정태헌 외 필자 일동

6부_ 뼈대를 잇는 브릿지 철도들

7부_ 이런저런 철도 이야기

8부_ 철도, 과연 얼마나 날랐나?

1부
철도의 역사지리

01

\

철도망의 역사지도 그리기

한국 철도교통의 역사는 1899년 9월 18일 경인선(京仁線) 운행으로부터 시작한다. 이날 제물포역과 노량진역 간의 33.2km가 개통되었고 이듬해 한강철교의 준공으로 상행선 종점은 용산역까지 연장되었다. 경인철도의 부설로 인해 종래에 걸어서 12시간, 한강 수로로 8시간이 걸리던 서울까지의 거리가 1시간 정도로 단축되었다. 한국의 철도는 이렇게 시작되었다. 경인 철도는 스톡톤(Stockton)에서 달링톤(Darlington)까지의 세계 최초의 영국 철도보다 74년 늦은 것이었다. 1936년 철도시각표에 따르면 경성역에서 06시 50분에 출발한 열차는 인천역까지 07시 50분에 도착하여 38.9km를 1시간 만에 주파하였다. 9월 18일은 1964년에 철도의 날이 되었다.

33.2km로 시작한 한반도의 철길은 1945년 해방 당시 6,362km까지 늘어나 190배 이상 성장하였다. 일제시기 동안 인구증가율은 두 배 증가하였고, 1921~1939년 사이 무역액은 5.3배, 그리고 1911~1943년 사이 재정 규모는 38.5배가량 성장한 것을 감안하면 일제시기 동안 이렇게 높은 성장세를 기록한 부문도 별로 없을 듯하다. 시간이 지나면서 노선 수가 늘어나고 운행 횟수도 많아졌다. 이에 철도를 이용하는 승객과 화물의 운송량도 자연스럽게

늘어났다. 1910년과 1944년 사이에 철도 이용객은 202만 명에서 1억 3,044만 명으로 늘어나 64배 이상, 화물 수송량은 90만 톤에서 3,652만 톤으로 40배 이상 증가하였다. 일제시기에 철도는 이렇게 일상생활 안쪽으로 점차 깊숙이 들어오고 있었다.

철도가 시작되던 때에 서울은 이미 수도로 정해진 지가 500년이 넘는 역사도시였다. 수도의 지위를 이렇게 오래 누린 도시는 세계사적으로도 흔치 않다. 19세기 말경부터 한국은 조금씩 세계 자본주의 체제 안으로 편입되기 시작하였고, 외방인들의 한국에 대한 관심도 이에 보조를 맞춰 점차 높아졌다. 서울은 당연히 그들이 방문하고 싶은 첫 번째 도시가 되었으며, 인천은 이 여행의 관문이 되었다.

철도가 놓이기 전, 외방인이 서울로 들어오는 가장 일반적인 루트는 해로를 이용해 인천으로 입국한 다음, 나귀나 말을 타고 육로로 이동하는 것이었다. 이때 이들이 주로 이용한 육로가 이른바 '경인로'이다. 경인로가 문헌에 처음 나타나는 것은 1770년에 여암(旅菴) 신경준(申景濬, 1712~1781)이 편찬한 『도로고』(道路考)에서이다. 서울을 기점으로 하는 당시 경인로는 양화진에서 한강을 건너고 성현을 넘어 인천도호부로, 여기서 다시 제물포까지, 그리고 바다 건너 영종도까지 연결되는 길이었다.

그러나 조선이 개항 국면에 접어들자 인천과 경인로의 지위는 이전과 달라졌다. 경인로는 이제 서울과 인천을 잇는 단순한 도로가 아니라 조선이 조선 밖의 세계와 소통하는 가장 중요한 길이 되었기 때문이다. 그럼에도, 특히 서구식 근대화의 눈으로 본 당시 경인로는 매우 열악한 도로였고, 이에 서울―인천 간 철도 부설은 조선 식민지 개척에 관심 있는 서구 열강과 일본이 먼저 구상한 것 중의 하나였다. 19세기 말 한반도에서 철도는 이렇게 꿈틀거리고 있었다.

조선인들에게 기차는 그 이전에 절대 상상할 수도 없는 교통수단이었다. 기차를 처음 보는 순간 사람들은 시커먼 철덩이의 크기와 길이에 이미 압도되었거늘 이 한없이 무거워 보이는 것이 전에 한 번도 들어보지 못한 굉음을 내뿜으며 '움직'이는 것을 보고 놀라지 않을 수 없었다. 더구나 그 동안 수일, 십수 일을 걸려 다녔던 길을 불과 몇 시간 만에, 그것도 내가 원하는 장소와 시각에 정확히 날 내려주는 것도 아주 생소한 경험이었다. 초창기 철도의 1시간 거리는 기존의 도보 1일 일정과 맞먹는 것이었으니, 열흘을 걸어 이동했던 이들이 기차를 타보고서는 아흐레를 벌었다고 생각했을지도 모를 일이다. 이밖에도 이 세상 너머까지 끝없이 뻗어 있을 것만 같은 철로와 서양식 외관의 역사(驛舍), 제복 입은 역무원, 신호등, 석탄, 급수탑, 철제 교량 등, 철도와 관련된 모든 것이 실로 경이로운 신세계가 아닐 수 없었다.

시간이 흐르면서 철도망이 점차 조밀해지자 철도 이용객과 화물 수송량도 더불어 늘어났다. 철도를 부설할 때는 토지를 보상해주어야 했기 때문에 노선이 기존의 시가지를 피하는 경향이 있었다. 지역에 따라서는 허허벌판에 역이 들어섰고, 이러한 지역 중에 평택이나 대전과 같은 일부 지역은 역을 중심으로 새로운 시가지가 형성되어 지금은 대도회를 이룬 곳도 있다. 반면 이미 오래전부터 지역 중심지로 기능했던 주요 도시를 경유하는 철도선은 역이 대체로 시가지 외곽에 설치됨으로써 시가지가 외곽으로 확장되는 방향을 유도하기도 하였다.

철도는 19세기 말부터 20세기 전반까지 지역의 개발, 발전, 성장, 변화를 설명하는 주요 요인으로 자주 거론되어 왔다. 이는 철도를 배제하고서 해당 지역구조를 이해하는 것이 적절하지 못하거나 거의 불가능하다는 주장이다. 그러나 이러한 태도, 즉 철도망이 기존 도시의 성장과 신흥 도시의 탄생에 결정적인 역할을 담당했다는 언명은 특별한 검증 과정 없이 마치 기정사실인 양 관습적으로 그리고 무비판적으로 통용되어 왔다. 물론 특정 지점이나 지역에 국한해서는 이것이 '참'인 사례도 있을 것이나, 조선 전국적인 차원에서 이 문제는 아직 충분히 증명되지 않았다. 필자는 그 이유를

철도망 확산의 시공간적 복원(재구성)의 부재에서 찾는다.

여기서 '복원'이란 1899년 이후 철도망이 시간의 흐름에 따라 지역적으로 어떻게 확산되어 나갔는지를 추적하는 과정을 의미하고, 최종적으로는 각종 속성정보를 내재한 철도망 지도로 표출된다. 이는 한국 철도사 연구를 위한 가장 기본적인 팩트(fact)에 해당할 것이다. 철도망의 확산 과정이 시·공간 틀 안에서 깔끔하게 정리될 때 비로소 각 철도선의 의미와 기능이 선명해질 것이고, 철도가 경유하는 지역과 그렇지 않은 지역, 그리고 철도역이 설치된 지역과 그렇지 않은 지역의 차별성이 시공간적 맥락 속에서 보일 것이다. 이처럼 본 연구는 단순한 통계 분석만으로는 철도와 지역의 관계를 온전히 이해할 수 없으며, 더욱이 공간화되지 않은 상태에서의 철도 연구는 지역이 배제되는 공허함에서 벗어날 수 없을 것이라는 지점에서 출발한다.

철도의 역사지리적 연구는 궁극적으로 철도망과 지역구조의 관계에 관심을 갖는다. 그러나 이 책에서는 이보다는 우선 한국 철도의 공간적 확산 과정을 시계열적으로 복원하고 이를 지도화하는 데에 주력한다. 다른 말로 하면, 이는 곧 철도의 시공간데이터베이스(spatiotemporal database)를 구축한다는 것과 같다. 이로써 한국 철도사 또는 한국 도시발달사 연구의 토대를 마련하는 것이 본 연구의 가장 중요하고 일차적인 목적이다.

02

\

철도이력데이터베이스 구축

시공간정보를 표출하는 데에 가장 효과적인 매체는 지도이다. 시공간정보는 간단히 시간정보와 공간정보가 결합된 형태의 정보라고 정의할 수 있다. 이 가운데 과거와 현재와 미래로 구분되는 시간정보는 서기년 등의 텍스트만으로도 쉽게 인지된다. 반면 기본적으로 위치값을 내재하는 공간정보는 텍스트만으로 정확히 인지되기가 어렵다. 강원도, 인제군, 설악산 등등의 공간정보는 형태를 지닌 일종의 이미지 정보이면서 위치를 점유하고 있기 때문에 이를 표현하는 가장 좋은 방법은 이들을 지도에 표시하는 것이다. 결국 시공간정보 표출의 핵심은 시간정보를 여하히 지도 위에 표현할 것인가의 문제로 귀결된다.

그러나 이 문제는 후술하지만, DB 구조 안에서 생각보다 쉽게 해결된다. 다만 적잖은 품이 들뿐이다. 한국의 철도망은 1899년에 시작한다. 이 시점은 모든 한국철도사 데이터베이스의 출발점이 될 것이다. 종착점은 임의로 설정할 수 있지만, 이번 연구는 일제시기로 제한하므로 1945년으로 한다. 이에 본 연구의 시간 범위는 기본적으로 1899년부터 1945년까지이고, 공간 범위 역시 임의로 설정할 수 있지만, 본 연구에서는 한반도로 국한한다.

철도의 시공간데이터베이스를 구축하기 위해서는 가장 먼저 DB 구조 또는 필드 구조를 설계해야 한다. 이때부터 이른바 철도이력DB가 구축되기 시작한다. 이 이력DB는 엑셀 프로그램에서 표 형식으로 작성할 수 있다. 가로행(필드, field)에는 이 DB의 속성정보로 입력될 다양한 항목을 설정할 수 있는데, 본 DB가 대상으로 삼은 핵심적인 두 요소는 철도 노선(line)과 철도 역(point)이다. 이들은 각기 철도노선DB와 철도역DB로 구축되었다.

이들 DB의 주요 속성정보로는 식별자(ID), 노선명, 시간정보, 노선 소속(본선/지선), 노폭(표준궤/협궤), 운영주체(국철/사철), 궤도선수(단선/복선), 기타 시간메모, 공간메모, 신뢰도 등을 설정하였다. 본 DB는 다양한 시간정보가 필요했는데, 철도노선DB에서는 부설권 획득, 착공, 완공(부분/전체), 영업 개시(부분, 전체), 노선 연장, 폐업, 선로 제거 등의, 철도역DB에서는 역 등급의 변동, 역사(驛舍)의 신축·이전·폐지 등의 정보가 모두 시간값을 갖는다.

그러나 이들 정보를 모두 파악하는 것은 자체로 쉽지 않은 일일뿐더러 DB 양도 무한히 늘어난다. 이에 이번 연구에서는 그나마 자료가 충실한 속성정보를 먼저 입력하였으며, 배제된 속성은 자연스럽게 향후 연구 과제로 도출되었다. 이렇게 축적된 속성정보가 향후 주제도로 표출되는 것이므로 '필드 구조를 설계한다는 것'은 결국 '어떤 주제도를 어떻게 만들 것인가'와 같은 말이다.

시간정보는 어떤 사건의 시작시간(time_begin)와 종료시간(time_end) 두 정보를 입력하는 방식으로 간단히 해결된다. 다만 그 정확한 시간을 알아내는 것이 간단치 않은 경우가 종종 있다. 철도노선DB에서는 각 노선의 공사 구간을 레코드의 기본 단위로 삼았다. 일반적으로 하나의 전체 노선은 다수의 공사 구간으로 나뉘어 건설되었는데, 이때 각 구간의 착공 시점과 완공 시점이 다르다. 예컨대 A노선이 a-b, b-c, c-d, d-e, e-f, f-g, g-h 등 모두 7개 구간으로 나뉘어 건설되었다면, A노선은 DB 구조 안에서 모두 7개의 행(record)으로 구성된다. 한편 a−b 구간이 yyy1년에 착공해서 yyy2년에 완공되었고, b−c 구간과 e−f 구간이 yyy2~3년 사이에, c−d 구간과 d−e, f−g, g−h 구간이 yyy3~4년 사이에 완공되었다면 7개 행(공사 구간)의 착공 시점과 완공 시점이 시작시간과 종료시간으로 입력된다.

철도의 시공간데이터베이스를 구축한다는 것은 곧 철도의 이력DB를 구축한다는 것과 다르지 않다. 이 이력DB란 하나의 철도선이 생성된 이후 소멸할 때까지의 변화상을 기록한 데이터베이스를 일컫는다. 예컨대 경부선은 1901년 9월에 영등포−명학동 구간 공사를 시작해서, 1904년 11월에 부강−영동 구간 공사를 마치고 1905년 1월 1일자로 영업을 개시하였다. 이때 공사 구간은 모두 8개로 이들이 최초 경부선 이력DB의 원형을 구성한다. 그런데 시간이 지나면서 경부선은 다종의 변화를 맞이한다.

경부선 공사 구간의 시발점이 용산(경성)이 아니라 영등포인 것은 용산역까지 이미 경인선이 부설되어 있었기 때문이다. 최초 경부선이 영업을 개시하였을 때 기점은 영등포역이었고, 종점은 초량역이었다. 그러다가 서울 쪽에서는 1905년 3월부터 1906년 1월까지 영등포역에서 남대문역(경성역)까지, 부산 쪽에서는 1905년 12월부터 1908년 3월까지 초량역에서 부산역까지 노선을 연장하는 공사를 완료함으로써 현재의 경부선이 완전 개통되었다.

이러한 변화상은 레코드의 추가와 함께 기존 레코드의 '노선명'이나 '시작시간' 및 '종료시간' 그리고 '영업개시일' 등의 필드를 수정케 한다. 이와 같은 사건이 발생할 때마다 레코드의 추가 및 필드의 수정 입력 작업이 반복되는데, 이것이 곧 철도노선이력DB를 구축하는 과정이다. 레코드가 추가되는 요인으로는 노선명, 노선 연장, 시작/종료시간의 변화 뿐 아니라 궤폭, 운영주체, 운영회사 등의 변화도 포함된다. 결국 이는 내가 보고 싶은 변화상이 무엇인지, 그래서 지도로 표출하고 싶은 내용이 무엇인지를 결정하는 것과 같다. 이러한 판단은 대체로 필드 구조를 설계하는 단계에서 필요하지만, DB를 구축하는 과정에서 필드가 추가되거나 수정되는 경우가 다반사이다.

본 연구에서 철도이력DB 구축에 사용한 자료원은『조선철도상황』(각년판),『조선의 철도』(1928),『철도요람』(1939),『조선 철도 40년 약사』(1940, 이상 조선선총독부 철도국),『조선교통사』(1986, 1-2, 자료편, 財團法人 鮮交會),『한국 철도 100년사』(1999, 철도청),『한국 철도사』(1974, 철도청),『조선 열차시각표』(1937 · 1942, 조선철도국 감수, 일본여행협회 발행) 등이며, 철도선과 인구 분포의 관계는 1925년, 1930년, 1935년 국세조사의 면별 인구 통계를 이용하였다.[1]

03

철도망과 역사지리정보시스템(HGIS)

이렇게 이력DB가 구축되기 시작하면 철도선과 철도역을 그릴 수 있게 된다. 손으로 그리던 시절에 이를 '제도(製圖)한다'고 했다. 하지만 행정구역이나 철도선·철도역 등, 동일한 내용이 반복적으로 사용되거나 데이터가 대량으로 축적되어 체계적인 관리가 필요할 때는 전자지도로 제작하는 것이 유리하다. 전자지도를 만드는 데에는 역시 GIS 프로그램이 최적화되어 있으며, 특히 시공간데이터를 다룰 때는 역사지리정보시스템(HGIS, Historical Geographic Information System) 기법을 사용하는 것이 필요하다. 전자지도를 만드는 과정은 1910년대 1:50,000 지형도를 베이스맵으로 삼아 그 위에서 철도선과 철도역을 '디지타이징'(digitizing)' 하는 것으로 간단히 설명할 수 있다. 우선 베이스맵에 대해서 좀 더 자세히 얘기해보자.

1) 베이스맵(base map)

한국에서 평판측량에 의거한 근대적 측량은 통감부 시절 토지조사사업에서 시작되지만, 지형도 제작을 위한 국토의 측량은 합병 직후에 시작된다. 1910년 일제는 칙령 361호에 의거, 조선총독부에 조선임시토지조사국을 설치하고 1915년까지 6년에 걸쳐 전국 220,762km²에 대한 측량을 완료하였다. 그 결과 한국의 국토에는 기선(基線) 13개소, 대삼각점 400처, 2등 삼각점 2,401처, 3등 삼각점 31,646처 등의 측량점이 설치되었고, 아울러 수행된 수준측량도 6,629km에 달하는 성과가 있었다.[2]

삼각점망 설치가 거의 마무리 단계에 접어들었던 1914년부터는 측량과 함께 지도도 만들기 시작하여 1918년까지 1:50,000 지형도 772매를 제작, 완료함으로써 한반도 전역을 포괄하였다. 이로써 한국은, 비록 일제에 의한 것이지만 일본보다 먼저 전국에 걸쳐 1:50,000 지형도를 완비하게 되었다. 일제는 부분적으로 수정본을 제작하면서 이들을 2차대전 패전 때까지 사

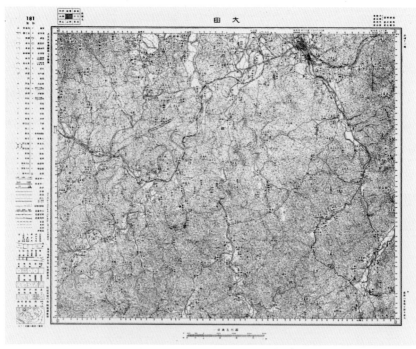

그림 1. 1910년대 1:50,000 지형도(도엽: 대전)

용하였는데, 삼각측량에 의거한 만큼 그 이전의 어떤 지도보다 정확하고 상세하다. 본 연구에서 철도망을 지도화하는 데 사용한 베이스맵이 바로 이때 만들어진 1:50,000 지형도의 영인본(影印本)이다.3)

2) 지오레퍼런싱(georeferencing)

지형도는 실제 지도가 그려진 테두리선을 기준으로 크게 두 부분으로 나뉜다. 이 테두리선을 도곽선(圖郭線)이라 하는데, 이 도곽선 바깥쪽을 통칭해서 난외주기(欄外註記)라고 한다. 난외주기에는 도엽명(圖葉名), 인접 도엽 인덱스, 소속 행정구역, 도엽번호, 축척, 측도·수정측도·제판·인쇄·발행연도, 제작 기관 등과 함께 범례 등이 기재되어 있다. '도엽'이란 전체 지도집 중 1장의 낱장 지도를 일컫는 용어로, 낱장 지도를 세는 단위이기도 하다.

섬세한 독도를 위해서는 난외주기 중에 특히 범례를 잘 살펴야한다. 실제 지형 지물이나 시설물, 토지이용의 상태 등을 상징화한 기호를 범례(凡例, legend)라고 하는데, 형태상으로는 점·선·면기호로, 내용적으로는 자연경관(지형·水部), 취락(건물·부속시설), 교통(도로·철도), 경계(행정·地類), 일반물(건물·소물체·지시기호) 등으로 구분한다. 이 가운데 일제시기 지형도에 수록된 교통 기호는 다음과 같다.

종류	세분류 범례
교통 기호	일등도로(두 칸 이상/한 칸 이상/한 칸 이하), 이등도로(착개부/축퇴부), 달로(達路: 착암/지하), 연로(聯路), 간로(間路), 소로(小路), 荷車才通セサル부(部), 병수(並樹) 및 전선(電線), 심상철도(尋常鐵道)(단선/정거장/이선이상), 경편철도, 특종철도

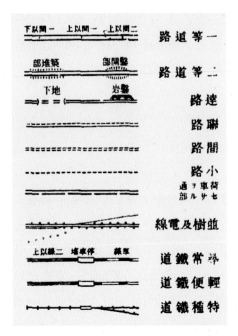

그림 2. 도로와 철도 범례
(1910년대 1:50,000)

도로는 1등도로, 2등도로, 달로(達路), 연로(聯路), 간로(間路), 소로(小路)로, 철도는 심상철도(尋常鐵道), 경편철도(輕便鐵道), 특종철도(特種鐵道)로 구분되어 있다. 심상철도는 일반 철도를, 경편철도는 대체로 협궤 열차를 일컫는다. 특종철도는 정확하지 않지만 군사·항만·탄광용 철도 등을 의미하는 듯하다.

700장 이상의 지형도를 한 장의 지도로 붙여 만들면 GIS 프로그램에서 이를 훨씬 편하게 사용할 수 있다. 이에 도곽선 바깥의 난외주기를 모두 잘라내고(clipping) 그 안쪽의 지도부(地圖部)만을 따로 관리한다. 난외주기가 인접한 도엽의 지도부를 가림으로써 독도(讀圖)를 크게 방해하기 때문이다. 이에 우선 전체 도엽을 스캔한 후 포토샵 프로그램에서 클립핑 작업을 완료하였다. 이후 ArcGIS 프로그램에서 인덱스맵(index map)을 먼저 만들고 클립핑한 지도를 제 위치에 정치(正置)시켰다. 이를 지오레퍼런싱

(georeferencing)이라 한다. 이는 곧 각 도엽에 경위도값을 부여하는 것이기도 하다. 이제 모든 도엽은 특정 위치를 벗어나지 않고, 그 위에서 디지타이징 한 철도선과 철도역 역시 고정된 경위도 좌표를 갖게 된다.

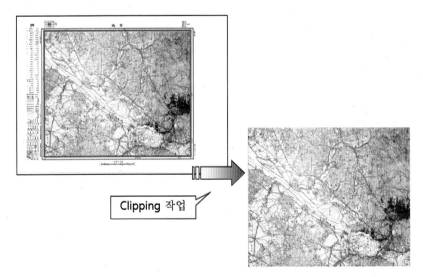

Clipping 작업

그림 3. 클립핑(clipping)

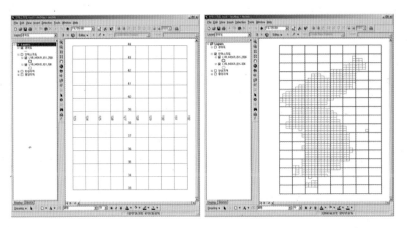

그림 4. 인덱스맵(index map) 구축

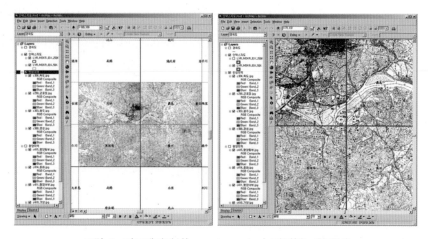

그림 5. 지오레퍼런싱(georeferencing) 과정(우: 확대도)

3) 디지타이징(digitizing)

지오레퍼런싱 작업이 완료되었다는 것은 1910년대에 제작된 722매의 도엽이 한 장의 낱장 지도로 재편집되었다는 것을 의미한다. 다른 말로 이는 한반도 전체가 한 장의 전자지도로 만들어졌다는 것과 같다. 같은 방식으로 1890년대, 1950년대, 1970년대, 1980년대, 2000년대 1:50,000 지형도를 지오레퍼런싱하면, 지도를 통해 동일 지역의 경관 변화를 확인할 수 있다. 이러한 기초적인 GIS 환경을 갖춘 후 디지타이징 작업에 착수하였는데, 실제 1920년대 이후에 부설된 철도망은 위 지형도들이 베이스맵으로 이용되었다. 레퍼런싱이 완료되면 철도망을 공간데이터로 구축하는 과정은 의외로 간단하다. 지형도에 그려진 철도 노선을 마우스로 클릭해 따라가면서 라인타입의 철도선 파일을 만들었고, 철도역 또한 지도에 표시된 것에 근거하여 포인트 타입의 철도역 파일을 생성시켰다.

일제시기 한국 철도망의 확산과 지역구조의 변동

이렇게 생성된 라인과 포인트 역시 경위도 좌표값을 갖게 됨으로써 이들도 항상 동일한 위치에서만 표출된다. 예컨대 1910년대 지형도에 표시된 대구역을 디지타이징했다면, 이 포인트는 어떤 조건에서도 처음 디지타이징된 그 자리에서 표출된다. 따라서 베이스맵을 현재 것으로 바꾸기만 하면 과거 1910년대에 존재했던 대구역의 현 위치가 손쉽게 포착된다. 즉 1910년대 지형도에 수록된 역사지명 또는 유물·유적지를 디지타이징하는 것은 자체로 현 위치를 확보하는 것과 다르지 않다.

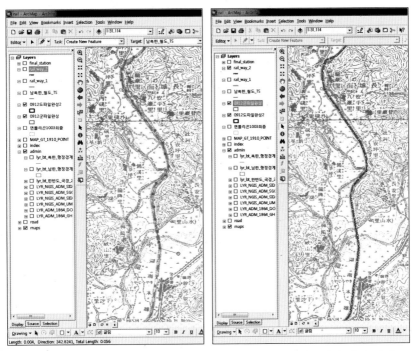

그림 6. 장성읍 부근 철도망 디지타이징 과정(좌: 작업 중, 우: 라인 생성 결과)

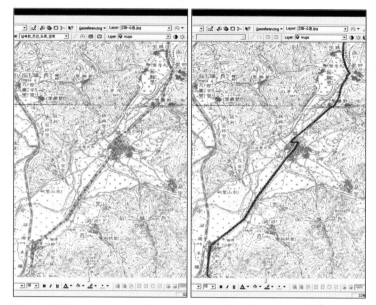

그림 7. 장성읍 부근 1등도로 디지타이징 과정(좌: 작업중, 우: 라인 생성 결과)

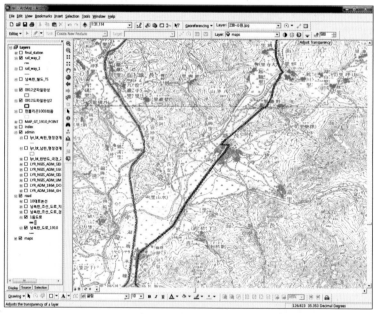

그림 8. 호남선 철도(좌)와 장성–광주 간 1등도로(우)

04

\

지역구조의 재편과 교통로

  본 연구에서는 철도망이 다른 교통망과 어떠한 관련을 맺고 있는지를 구명하는 것도 중요한 목적 중의 하나이다. 도로망과 내륙수로망은 20세기 초반까지 조선의 화물과 여객 수송을 담당하는 핵심 교통 체계였다. 특히 내륙의 하천 수로는 경제적으로는 바다를 통해 원거리 수송된 화물을 하천 중·상류유역의 내륙까지 운반, 해안지방과 내륙지방을 연결하는 기능을 수행하였고, 문화사적으로는 하천 하류지역과 상류지역의 총체적 의미로서의 문화적 교류를 담당하였다. 이는 수운이 전국적인 범위에서 수백 년 이상 그리고 중단없이 수행되었기 때문에 가능했다.

  18세기 중반에 장시는 전국적으로 거의 포화상태에 다다랐다. 이는 해로및 내륙 수로망, 그리고 도로망이 전제되지 않으면 불가능한 것이었다. 조선 후기 이래 철도가 확산되기 전까지 도로망과 수로망은 상품 유통과정에서 중층적 구조를 형성하고 있었으니, 수로망은 원거리 대량 수송을 담당하였고, 도로망은 수운에 의해 주요 하항(河港)까지 운반된 화물을 다시 내륙 깊숙한 오지까지 운반해 주었다.

  내륙수운은 언젠가부터 급격하게 쇠퇴하기 시작하였고, 어느 순간 이 나라 하천에서 완전히 모습을 감추었다. 수운의 수송분담률은 의미 없는 수준으로 떨어졌고, 아직 도로망 건설과 자동차의 보급이 미미했던 시기에 철도는 한국 교통의 절대 강자로 떠올랐다. 그러나 내륙수운의 기능이 점차 축소될수록 철도만으로 유통이 종료되지 않기 때문에 도로는 비록 미약하지만 조금씩 철도와 경쟁 관계를 확대시키고 있었다. 이 점에서 철도망과 도로망, 그리고 수운망은 동시에 파악될 필요가 있으며, 철도의 지역구조의 재편 역시 이들의 관계를 구명한 이후라야 온전하게 논의할 수 있다.

20세기 전반기 동안 한국의 지역구조는 철도에 의해 크게 바뀌었다는 얘기를 종종 듣는다. 아마도 아주 틀린 얘기는 아니겠지만, 그렇다고 철도 부설 이전과 이후에 실제 무엇이 어떻게 달라졌는지, 명확한 결론이 제시되어 있지도 않다. 필자도 종종 쓰지만, 사실 '지역구조'라는 말 자체가 그리 쉬운 것 같지 않다. 그런데 한 가지 분명한 사실은, 철도라는 교통로가 지역구조를 변화시켰다면, 그 이전의 교통로도 그러한 요인으로 작동했을 것이라는 점이다. 더구나 철도망이 조악했던 초창기에는 물론 전국적인 분포망을 형성한 시점에서도 철도와 더불어 기존의 도로와 내륙수로가 여전히 교통로로 기능하고 있었다는 사실을 간과해서는 안 될듯하다.

1899년 경인철도가 개통되었지만, 그렇다고 경인로가 없어지지 않은 이치이다. 옛 경인로는 오늘날에도 버젓이 '길'로 살고 있다. 물론 경인철도 부설 이후 구 경인로는 1910년대에 이른바 신작로(新作路)로 정비되면서 일부 노선을 바꾼다. 그렇다고 그 일부 새 경인로가 전에 없던 완전히 새로운 길도 아니다. 기존에 있던 길을 정비했을 뿐이다. 그런데 새 경인로 노선이 획정되는 데에 가장 큰 영향을 미친 것이 다름 아닌 경인철도이다.

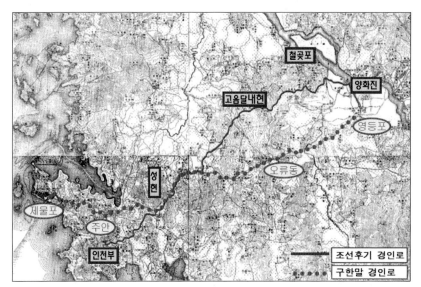

그림 9. 조선 후기 경인로 노선과 구한말(1890년대 중반) 경인로 노선의 변경

출처 : 김종혁, 2007, 21쪽.

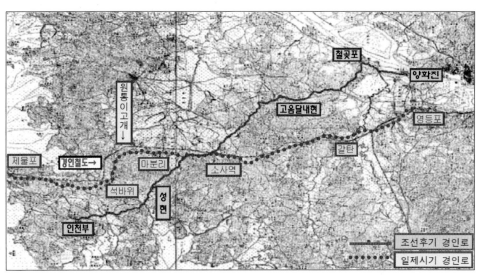

그림 10. 조선 후기 경인로 노선과 합병 직후(1910년대) 경인로 노선의 변경

출처 : 김종혁, 2007, 26쪽.

경인로 사례를 조금 더 자세히 알아보자. 인천의 중심지는 대대로 오늘날 관교동 일대였다가 개항과 함께 제물포로 옮겨 간다. 요즘 '원인천' 또는 '동인천'으로 불리는 인천광역시 중구 일대이다. 1883년에 이곳 내동에 최초 감리서가 설치되고 1886년에는 감리로 하여금 인천부사를 겸임케 하였다. 이로써 제물포는 공식적으로 인천의 치소(治所, 오늘날 시청)가 되었고, 이에 관교동을 경유할 필요가 사라진 경인로 역시 제물포로 바로 이어지는 새로운 노선을 따랐다.

1895년경에 측도된 것으로 알려진 『구한말 한반도 지형도』에 따르면, 당시 경인로는 성현(星峴, 별고개, 120m))을 넘은 다음 주안을 경유하여 제물포로 이어졌다. 개항 이후 경인로 노선의 가장 큰 특징은 기점과 종점이 바뀌었다는 것, 그리고 그럼에도 성현 일대에서는 노선에 변경이 없었다는 것이다(그림 9). 1886년에 치소를 옮겨간 이후 채 10년이 되지 않은 기간에 서울과 인천 사이의 간선도로 노선에 큰 변화가 있었던 것이다. 이때까지 경인철도는 아직 부설되지 않았다. 이처럼 철도가 부설되지 않았을 때라도 이미 인천 일대의 지역구조에는 일정한 변화가 있었고, 도로망은 이를 즉각적으로 반영한다. 이후 얼마 안 지나 경인철도가 부설된다.

합병 이후 경인로는 다시 노선을 바꾼다. 서울은 한강유역이고 인천은 그 너머 황해안 연안 지역이기 때문에 경인로는 어디서든 이른바 한남정맥(漢南正脈)을 한번 넘어야 하는데, 합병 이후 서울 영등포와 인천 제물포를 잇는 경인로는 성현 대신 원통이고개(50m)를 넘는다. 이른바 신작로로 정비된 이 길은 오늘날까지 이름이 '경인로'로 남아 있다. 원통이고개는 성현보다 고도가 낮기 때문에 오르막에 대한 수고로움은 줄일 수 있지만, 이를 경유하는 것은 멀리 돌아가는 길이다. 그럼에도 신(新) 경인로가 이곳으로 난 것은 경인철도 때문이다. 영등포를 비롯하여 오류, 소사, 주안 등 철도역을 중심으로 신흥 취락이 발전하면서 도로망은 철도역과의 관계가 더욱 긴밀해졌다. 20세기 초 신작로는 이렇게 서서히 철도의 자장(磁場) 안으로 편입되고 있었다.

그럼에도 이 책에는 지역구조의 변동과 교통로 간의 관계가 명확하게 기술되어 있지 않다. 여러 요인이 있겠지만, 무엇보다 아직 그 방법론을 찾지 못했기 때문이다. 그 방법론의 핵심은 철도·도로·수로 세 교통망이 시간의 흐름에 따라 어떠한 관계 속에서 변동해 나갔는지를 해명하는 데에 있다. 아직은 막연한 수준에서 얘기할 수밖에 없다. 한국 교통사 혹은 유통사에서 철도의 등장 이후 벌어진 현상의 결론은 "철도가 기존의 육로와 수로로 연계된 수송체계를 와해시켰다"는 것이다.

수운의 수송 속도나 수송량은 철도에 상대가 되지 않을 정도였기 때문에 기존의 원거리 대량수송 역할을 철도에 내주는 것은 사실 시간 문제였다. 철도가 내륙수운을 철저하게 무력화시킴으로써 조선 후기 이래 공고하게 유지되어왔던 이른바 중층적 수송체계가 늦어도 1930년대 후반에는 거의 무너졌다. 1930년대 후반은 철도선이 전국을 1일 도달권으로 만들어 놓은 시점이다. 이밖에도 수운은 자체 상품도달권이 기본적으로 하천 연안 지역을 벗어날 수 없다는 입지적 한계를 갖고 있었다.

내륙수운은 하나의 하천 유역권 내에서 수로 변의 포구에 기반하여 운영되기 때문에 활동 범위가 제한적이다. 반면 철도는 이점에서 수운보다 훨씬 자유롭다. 수운 체계에서 수로 상의 경유지에 해당하는 포구(진도)는 하천 연안을 벗어날 수 없으며, 동일한 강배로는 바다를 통해 다른 하천 유역으로 통행할 수도 없었다. 그러나 철도역은 해안, 하천 연안, 평야, 산간, 시가지, 항만 등 원하는 지점에 입지할 수 있을 뿐 아니라 하천 유역권을 쉽게 넘나들었기 때문에 수운 체계보다 훨씬 광범한 유통 체계를 구축할 수 있었다.

1899년 처음 철도가 등장한 이래 한국은 빠른 속도로 철도망을 구축해나갔다. 1910년대 중반에 이미 철도망의 뼈대를 구축하였고, 1928년에는 서울을 정점으로 하여 각 극지가 연결되었으며, 1930년대 말에는 간선철도로부터 각 지선이 내륙 깊숙한 곳을 철도로 연결하고 있었다. 1930년대 말 경이

면 당시의 경제 규모에서 화물 수송에 큰 어려움이 없을 정도의 철도 밀도를 점유한 것으로 생각된다. 내륙수운이 급격히 쇠퇴하는 시점이 1930년대 후반 무렵부터라는 점도 이를 잘 방증해준다.

원론적인 측면에서 철도는 내륙수운에 비해 원거리 대량 수송에 훨씬 유리하다. 무엇보다 그 수송 속도는 비교할 수 없을 정도이다. 그러나 비용의 측면에서는 내륙수운보다 훨씬 불리하다. 수송 과정에서 자연스럽게 발생하는 보관이나 하역 등의 비용도 내륙수운에 비할 바가 아니다. 그러나 철도의 수송분담률은 점차 높아 갔고 언제부터라고 정확히 말할 수 없지만 기존에 내륙수운이 갖고 있던 최고의 비교우위는 철도로 옮겨갔다.

도로망은 1930년대 이후에도 화물이든 여객이든 수송 능력이 가장 낮았던 것으로 파악된다. 일반적으로 통용되듯이 자동차의 본격적인 보급이 한국 전쟁 이후라는 인식을 인정한다면 당시 자동차의 수송 능력은 기대할 만한 수준이 아니었다. 1960년대 이후 이른바 산업화시대를 주창하면서 조금씩 고속도로가 건설되고 일반 국도가 정비되기 시작하였으며, 1970년대부터는 자동차 산업이 본격적으로 가동되면서 도로의 수송분담률은 철도의 그것을 넘어선 것으로 이해된다. 이러한 점에서 철도망은 그 자체로만으로는 전체를 볼 수 없을 것이며, 이에 도로망과 수로망에 대한 실체를 복원하는 일이 시급하고도 빠트릴 수 없는 연구과제로 대두된다.

이러한 문제의식에 입각하여 전근대로부터 개항기를 거쳐 일제시기에 실시된 제2차 치도사업기까지의 도로망의 확산 과정을 시계열 자료로 구축하고 그 공간상의 분포망을 살피기 위해 구체적인 노선을 디지타이징하였으며, 비록 일제시기에 국한되지만 내륙수운에 대해서도 따로 내륙수운 DB를 구축하고 하계망과 함께 하천별 내륙수운망을 복원하였다. 철도망 외에 전근대를 포함한 도로망과 수로망 복원에 대해 좀더 상세히 기술하면 다음과 같다.

신경준이 펴낸 『도로고』(1770)에는 당시 조선의 간선도로망 6개 대로와 그 분기로가 수록되어 있다. 이는 한국 도로사에서 전국의 도로망 체계를 최초로 정리한 것이다. 이후 이 체계는 19세기 초반 자료에 7대로, 19세기 중반 자료에 9대로, 그리고 1864년 김정호의 『대동지지』에 10대로로 확대된다. 본 연구에서는 이 가운데 가장 상세한 정보를 담고 있는 『대동지지』를 저본으로 삼아 철도 도입 시기 직전까지의 도로망을 복원하였다.

『대동지지』(大東地志) 「정리고」(程里考)에는 열 개의 대로와 분기로가 경유지와 함께 기록되어 있으며, 각 경유지 간 거리가 부기되어 있다. 이에 우선 도로망 전체를 경로DB와 경유지DB로 나누어 구축하고, 1910년대 1:50,000 지형도를 베이스맵으로 삼아 모든 경유지의 위치를 비정한 다음 각 경유지 간 최단 경로를 찾는 방식으로 도로망 전체를 복원하였다. 경로DB에는 노선명과 노선의 차수가, 경유지DB에는 경유지명, 경유지 간 거리, 경유지 지명의 유형(3단계) 등이 속성정보로 입력되어 있다.

조선 말기의 주요 도로는 일제의 합병 이후 신작로로 재정비되기 시작한다. 일제는 1914년에 「도로규칙」을 제정하고 도로에 대한 근대적 관리를 시작하였다. 도로 정비 사업은 통감부 시절에도 있었으나, 본격적이고 정책적인 도로망 정비는 1911년부터 1915년까지 5개년 사업으로 진행된 '치도사업'(治道事業)을 통해 이루어진다. 이 치도사업은 도중에 수정을 가하여 1917년까지 수행되는데, 이를 제1기 치도사업이라 한다. 이후 1922년까지 제2기 치도사업을 계획하였다가 제1기 때와 마찬가지로 계획을 수정하여 1930년까지 14년 계획으로 진행되었다. 한국 도로사에서 치도사업의 가장 중요한 성과는 기존의 간선도로망이 1등도로와 2등도로로 재정비된 것이다.

우리가 흔히 새로 만들었다고 하는 이른바 신작로는 것은 사실 기존의 도로를 부분적으로 직선화하거나, 노폭과 노면 등을 일정한 규칙에 맞게 정비하는 것이었다. 실제 전에 없던 완전히 새로운 도로를 건설한다는 것은 그리 쉬운 일이 아니다. 특히 전근대 토목 기술로는 그 한계가 명확하다. 한국에서 이러한 완전히 새로운 길의 건설은 빨라야 1970년대부터일 것이다.

도로망이 새롭게 정비되었다는 기록과, 그 노선이 실제 어떠한 경로를 따랐는지를 알 수 있는 것은 전혀 다른 문제이다. 도로는 라인 타입이기 때문에 텍스트만으로는 경로를 제대로 알려줄 수 없다는 것이다. 실제 문헌에서 얻을 수 있는 도로 정보는 기점과 종점, 주요 경유지로서의 도시(취락), 그리고 도로의 길이 정도에 불과하다. 일제시기에 도로 관련 자료가 다른 분야에 비해 분량이 적은 것은 이러한 이유도 있을 것이다. 이 점에서 신경준의 『도로고』나 김정호의 『대동지지』는 매우 선진적인 발간물이다.

최종적으로 디지타이징 대상으로 삼은 1등도로와 2등도로에 대한 노선 정보는 1935년에 조선총독부에서 발간한 『조선의 도로』(朝鮮の道路)에 의거하였다. 이 자료 역시 정보량이 매우 빈약하지만, 한편으로 이는 당시에 이미 매우 정확한 지도가 구비되어 있었다는 것을 반증하기도 한다. 도로와 같은 선형 정보는 텍스트가 아니라 이미지가 정보 전달에 훨씬 더 효과적이다. 결국 일제시기의 도로망을 복원하는 가장 좋은 자료는 1910년대에 삼각측량에 기반한 축척 1:50,000의 대축척지도이다. 여기에는 1등도로와 2등도로를 비롯하여 6개 등급으로 도로가 분류되어 있다. 그런데 본 연구에서 활용한 위 지도들은 대부분 1914년에서 1918년 사이에 제작된 것이기 때문에 제2기 치도사업의 결과를 제대로 반영하지 못한다. 이에 도로 노선을 디지타이징할 때는 『조선의 도로』에 기반한 DB를 바탕으로 지형도 위에서 바로 작업하였다.

조선시대에는 상업을 천시했던 풍조 때문에 이와 관련된 기록을 찾아보기 쉽지 않다. 특히 상업 포구와 관련된 조선 후기 내륙수운에 대한 기록은 거의 없는 형편이다. 전통적으로 지리지에는 진(津), 도(渡), 포(浦), 여울(灘), 교량(橋梁) 등의 항목이 수록되어 있지만, 이들이 상업적 기능을 수행한 하항(河港)이었는지는 추정만 할 수 있을 뿐이다. 이러한 내륙수운은 늦어도 1930년대까지 조선의 화물 수송에 상당한 비중을 차지하고 있었는데, 조선총독부가 1929년에 펴낸 『조선하천조사서』에 주요 하천의 수운 상황을 조사한 것은 이 시점까지도 내륙수운의 역할이 적지 않았음을 시사한다.

이에 본 연구에서는 위 책자를 저본으로 삼아 일제시기의 내륙수운DB를 구축하고 지도화하였다. 이 DB에는 각 하항에 ID가 부여되고, 소속 하천, 하천의 하구, 주요 하항, 감조/비감조 구간 거리, 하항 간 거리, 하구로부터의 거리, 소강(溯江) 종점, 구간별 선박의 적재량, 주요 출입 화물과 수송량 등이 속성정보로 입력되었다. 디지타이징의 베이스맵은 역시 1910년대 1:50,000 지형도이다.

전체 교통사의 흐름에서 도로망과 철도망은 기본적으로 경쟁 관계에 있지만, 보완 관계를 나타내기도 한다. 사실 한국 도시사 혹은 국토사에서 지역구조의 재편이라는 주제는 교통로의 관점에서만 보더라도, 철도망이냐 도로망이냐를 떠나서 전체 교통망의 관점에서 접근할 필요가 있다. 광의의 도로 개념은 우리가 흔히 부르는 일반 도로뿐 아니라 수로와 철도 등을 모두 포함하는 것이기 때문에 각각의 관계를 고찰하지 않고 전체 교통사를 이해하는 것은 그 한계가 분명하다. 하지만 이 문제는 또 다른 하나의 커다란 주제이므로 이 책에서 온전히 다룰 수 없다. 다만, 전근대로부터 일제시기까지의 간선도로망과 수로망의 복원을 통해 본격적인 연구를 위한 토대를 구축하고자 한다.

05

\

역사교통지리학의 간략 연구 검토

역사교통지리학의 대표적인 연구는 최영준으로부터 수행되었다. 그의 남한강 수운 연구나,[4] 영남대로 연구[5]는 교통로에 대한 본격적인 역사지리학적 연구 성과라고 할 수 있다. 한편 그의 영향을 받아 영산강 수운 연구, 북한강과 한강 유역에서의 수·육로 연구, 낙동강 수운과 취락에 대한 연구, 그리고 섬강 유역의 교통발달과 공간변화에 대한 연구가[6] 뒤를 이어 발표되었다.

이들보다 앞서 나도승은 오래 전부터 금강에 천착하여 내륙수운과 시장과의 관계를 연구한 바가 있는데,[7] 무엇보다 이들의 역사교통 연구가 모두 철도를 제외하고 있다는 사실은 역사지리학계에 남겨진 과제였다. 역사학의 교통로 연구는 역원제·마정제(馬政制)·조운제[8] 등과 같이 주로 제도사적 측면에서 접근하여 실제 도로망의 지역적 분포와 변동에 대한 연구는, 조금씩 확대되는 분위기는 있으나 여전히 미미한 실정이다.

철도에 대한 역사지리적 연구는 역사학에서 주도해왔다. 정재정의 철도 연구는[9] 한국 근대사의 입장에서 한국 철도사를 거의 완결한 듯한 인상을 받는다. 그러나 철도의 역사적 의미에 역사지리적 성과가 덧붙게 된다면[10]

철도 연구는 좀 더 생생하고 실제적인 결과를 도출할 수 있을 것이다. 결국 철도사(또는 교통사) 연구에서도 시공간적(時空間的, spatio-temporal) 접근 방법과 분석은 거의 절대적인 것으로 생각되며, 여기에 GIS 툴이 합체되면 이 방법론은 분명 더욱 강력해질 것이다.

지리학계의 철도 연구는 허우긍의 연구가 대표적이다.[11] 허우긍은 일제 시기 철도망의 분포와 수송 기능을 경제지리학적 관점에서 풀어냈다. 그는 1930년대부터 철도는 육상교통수단의 핵심이 되었으며, 여기에는 사설철도의 역할도 적지 않음을 주장한다. 철도 수송에서 화물은 중·장거리에서, 여객은 단거리에서 비교우위를 나타내며, 지역적으로 서울 이남은 여객 수송이, 이북은 화물 수송의 비중이 더 높았음을 밝혔다.

그의 연구에 따르면 지역구조의 측면에서 수송량 상위 도시는 기존의 대도회와 크게 다르지 않고, 대전·이리(익산) 등과 같은 철도가 만든 신흥 도시는 그 사례가 많지 않았다. 비슷한 맥락에서 철도의 접근성과 인구 성장의 관계는 통계적으로는 유의미했으나 인과가 한 방향으로 진행되지 않고 순환적이었음을 규명함으로써 철도와 지역 발전의 관계에 기존과는 다른 주장을 펼쳤다. 그의 연구는 주로 일제시기의 철도 상황을 차분하게 잘 기술하였고, 다양한 철도 기능의 지역별 특색을 평면적이기는 하지만 새롭게 제시하였다. 그러나 허우긍의 연구 또한 충분한 사례와 증거를 제시하지 못한 한계를 지닌다. 본 연구 또한 이들의 연구를 충분히 심화시키지는 못했지만, 철도망의 확산 과정을 DB로 구축하고 GIS 프로그램을 이용하여 이를 시공간데이터로 구축함으로써 향후 심화 연구의 기틀은 마련하였다.

2부

철도 이전의 교통로 :

조선시대의 간선도로망

01

조선 후기 간선도로망의 확대

18세기 6대로 체제였던 전국의 간선도로망은 19세기에 10대로로 확대된
다. 그러나 노선 수의 증가가 새로운 도로 건설을 의미하지는 않는다. 기존
의 도로를 대로로 승격한 것뿐이었다. 인식의 변화인 것이다. 몇 가지 자료
로부터 18~19세기에 간선도로망이 어떻게 확충되었는지 간단히 살펴보자.

표 1. 『도로고』(1770)의 6대로

대로명	주요 경유지
京城西北抵義州路第一	한성-홍제원-신원-벽제역-파주-임진-동파역-장단-개성-금교역-서흥-서산발참-황주-평양-순안-신행원-청천강-대정강-곽산-동림산성-전문령-의주-압록강
京城東北抵慶興路第二	한성-수유리점-누원-축석령-송우점-파발막-만세교-양문역-김화-금성-창도역-회양-철령-고산역-안변-함흥-북청-길주-명천-회령-온성-경원-경흥-서수라
京城東抵平海路第三	한성-망우리현-평구역-고랑진-이수두리-양근-지평-안창역-원주-안흥역-방림역-대관령-구산역-강릉-우계-평릉역-삼척-울진-망양정-월송진-달수역-평해
京城東南抵東萊路第四	한성-한강-신원점-판교점-용인-김령장-좌찬역-석원-달천진-충주-단월역-조령-문경-유곡역-낙동진-금호강-대구-팔조령-청도-밀양-황산역-양산-동래-부산진
京城西南抵濟州路第五	한성-동작진-과천-사근천-수원-청호역-진위-소사점-아주교-성환역-직산-천안-삼거리-차령-모노원-공주-니성-여산-삼례역-태인-정읍-장성-영암-해남-제주
京城西抵江華路第六	한성-양화진-철곶천-양천-악포교-김포-백석현-통진-갑곶진-강화

자료 : 『道路考』, 권1(1976, 경인문화사 영인본 II).

『도로고』에서 분류한 여섯 개의 대로는 모두 서울을 기점으로 하여 각 극지까지 뻗어 있다. 도로에는 기점과 종점, 서울을 원점으로 한 노선의 방향과 함께 번호가 부여되었다. 제1로는 서북 방향의 의주로(京城西北抵義州路第一)로 개성과 평양을 지나 평안도 의주까지, 제2로는 동북 방향의 경흥로(京城東北抵慶興路第二)로 누원, 회양, 철령, 함흥을 지나 함경도 경흥 서수라까지, 제3로는 동쪽 방향의 평해로(京城東抵平海路第三)로 양근, 지평, 원주, 강릉을 지나 강원도 평해까지, 제4로는 동남 방향의 동래로(京城東南抵東萊路第四)로 용인, 충주, 상주, 대구를 지나 경상도 동래까지, 제5로는 서남 방향의 제주로(京城西南抵濟州路第五)로 과천, 수원, 공주, 전주, 해남, 이후 해로로 제주까지, 제6로는 서쪽 방향의 강화로(京城西抵江華路第六)로 양화진, 양천, 김포를 지나 강화까지이다.

표 2. 18세기 이후 대로의 분화 과정

	6대로	7대로	9대로	10대로	주요 경유지
제1로	의주	의주	의주	의주	개성-평양-의주
제2로	경흥	경흥 서수라	경흥 서수라	경흥	누원-철령-원산-경흥
제3로	평해	평해	평해	평해	원주-대관령-강릉-평해
제4로	동래	부산	부산	동래	용인-충주-조령-대구-동래
제5로	제주	태백산	태백산	봉화	광주-충주-죽령-영주-봉화
제6로	강화	통영	통영별로	강화	양화진-양천-김포-강화
제7로		강화	제주	수원별로	노량진-시흥-수원
제8로			충청수영	해남	과천-수원-공주-전주-해남
제9로			강화	충청수영	진위-아산-신창-신례원-수영
제10로				통영	삼례-남원-팔량치-함양-통영

자료 : 6대로; 道路考(1770), 7대로; 林園十六志(1830)·山里考(규3886), 9대로; 箕封方域誌(규11426)·程里表(규7071, 6243)·海東舟車圖(규12640), 10대로; 東輿紀略(규6240)·程里考(규7546)·大東地志(1864).

6대로 외에 『도로고』에는 동래로의 별로(別路)로서, '자경성동남유송파진저충주일로'(自京城東南由松坡津抵忠州一路)라 하여 서울에서 충주까지의 도로가 기술되어 있는데, 이 노선이 『임원경제지』와 『산리고』의 '동남저태백산제오로'(東南抵太白山第五路)와 일치한다. 이 길은 서울에서 송파진, 광주, 이천, 가흥창, 목계, 충주, 황강·단양죽령, 풍기, 영주, 봉화, 태백산 사고(史庫)까지 이어지는데, 이 길이 19세기 초반에 새로 추가된 제7대로이다.

한편 19세기 중·후반의 자료로 추정되는 『기봉팔역지』, 『정리표』, 『해동주거도』 등의 자료는 모두 9대로를 명시하는데, 충청수영로와 통영로가 새로 추가되었다. 그런데 이 두 대로 역시 『도로고』에 이미 제주로의 분기로로 기술되어 있다. 이후 19세기 후반에 편찬된 『동여기략』, 『정리고』, 『대동지지』(1864)는 여기에 수원로를 추가함으로써 10대로 체계를 표방하는데, 이 역시 『도로고』에 별로로 수록되어 있다.

백여 년이 채 안 되는 기간 동안 간선도로망 체계는 6대로에서 10대로로 확대되었다. 그러나 추가된 네 개의 대로가 『도로고』에 이미 수록되어 있다는 사실은 네 대로가 새로 건설된 것이 아니라는 것을 알려준다. 기존의 도로 가운데 중요하다고 인식된 일부 노선이 '대로'로 승격된 것이다. 실제 19세기 상황에서 전국적 규모의 대로를 건설한다는 것이 역사적으로도 쉽게 이해될 수 없는 대목이다.

〈표 2〉에 제시된 자료 가운데 노선 및 경유지 정보가 가장 상세한 것은 『대동지지』이다. 더구나 이 자료는 10대로를 표방하므로 18세기 후반 이후 신작로 건설 이전까지 한국의 도로망을 보여주는 역사지리적 사료 가치도 인정된다. 이에 본 자료를 저본으로 삼아 조선의 간선도로망을 복원하였다. 복원의 기준 시점은 비록 19세기 후반이지만, 복원된 도로망의 실제 공간적 양상은 크게 달라지지 않은 채 늦어도 20세기 초까지는 유지되었을 것이다.

02

10대로 노선

　『대동지지』(1864)의 10대로 체제는 10개의 본선과 여기서 분기하는 132 개의 지선으로 구성된다. 지선은 1차지선이 76개, 2차지선이 48개, 3차지선이 7개, 4차지선이 1개이다. 수록된 142개 노선의 전체 길이는 2만 7천여 리이다. 이 가운데 열 개 본선이 약 8,160리에 달하는데, 경흥로가 2,190리로 가장 길고, 이어서 의주로가 1,050리, 통영로·해남로·동래로가 각기 990·970·950리로 네 대로가 천리길에 해당한다(표 3).

　전체 경유지는 1,435개가 수록되었다. 경유지 밀도는 의주로가 압도적으로 높은데, 100리 당 40개에 달한다. 이밖에 해남로와 동래로가 전국 평균을 상회한 반면, 통영로는 거리에 비해 경유지 수가 가장 적었다. 1/3이 넘는 522개는 본선에 분포하여, 본선이 지선보다 경유지 밀도가 높았음을 알 수 있다.

　경유지로 선택된 곳의 지명은 행정지명(군현, 리)과 자연지명, 인문지명이 고루 섞여 있다. 이 가운데 인문지명(48.3%)이 약 절반을 차지하고, 행정지명(27.0%)과 자연지명(24.7%)이 나머지 절반을 비슷하게 점유한다. 자연지명으로는 역시 고개(령·현·치·古介)가 가장 많고 산곡명과 하천명이 비슷한 분포를 보인다. 인문지명으로 가장 많은 빈도를 보인 것은 교통지명 (도·진·포·역·원·교량·遷)이고, 경제지명(장시·점·창)과 군사지명 (진·보·關·산성·병영)이 뒤를 잇는다. 취락지명(동·촌·거리·基·德 등) 이 빈약한 것은 의외이다.

표 3. 10대로의 주요 제원

노선명	종점	1차지선	2차지선	경유지	본선 거리(里)	100리당 경유지 수
의주로	의주	19	8	419	1,050	39.9
경흥로	경흥 서수라진	8	3	219	2,190	10.0
평해로	평해	3	4	124	890	13.9
동래로	동래	10	17	224	950	23.6
봉화로	봉화	5	0	55	500	11.0
강화로	교동	1	1	21	160	13.1
수원별로	건릉	1	0	9	100	9.0
해남로	해남 우수영	16	10	233	970	24.0
충청수영로	충청수영	8	1	42	360	11.7
통영로	통영	5	4	89	990	9.0
계		76	48	1,435	8,160	17.6

자료 : 김정호, 『대동지지』(1864).

1910년대 발행된 1:50,000 지형도를 베이스맵으로 하여 10대로의 본선과 지선에 대한 모든 경로와 경유지의 위치를 비정하고 GIS 프로그램을 이용하여 각 라인(도로)과 포인트(경유지)를 디지타이징하였다. 그 결과가 〈그림 11〉이다. 경유지를 목록화하는 일은 어렵지 않지만 각각의 현 위치와 경유지 간 경로를 비정하는 일은 쉽지 않았다. 특히 북한은 참조할 수 있는 지도나 지명사전류, 인터넷 정보 등이 부족하여 상대적으로 정확도가 떨어진다.

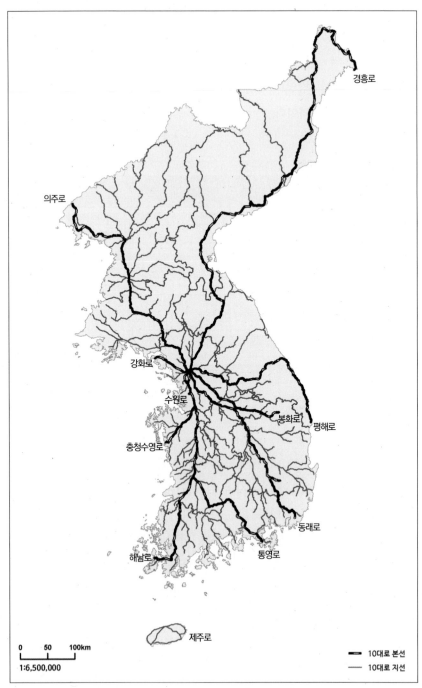

경흥로

의주로

강화로

수원로

봉화로

평해로

충청수영로

동래로

해남로

통영로

제주로

0   50   100km

1:6,500,000

━━ 10대로 본선
── 10대로 지선

그림 11. 10대로의 본선과 지선(『대동지지』, 1864)

10대로는 전술했듯이 본선은 물론 지선까지도 일제시기에 신작로로 정비된다. 길이 갖는 기본 속성 중의 하나는 이용자가 존재하는 한, 사라지지 않는다는 것이다. 따라서 전혀 새로운 길이 만들어지기 시작하는 1970년대 산업화 시대 이전의 길이란 어쩌면 조선은 물론 고대로부터 있던 길일 수도 있다. 10대로와 그 지선들은 전근대 한국의 간선도로망으로 인정할 수 있고, 이것이 일제시기에 근대적인 체제로 편입되면서 국가의 공적 관리가 좀 더 강화되었다. 중요한 논점은 노선의 계승성인데, 여기에 관여하는 요인 중에 가장 중요한 것이 결국 취락(도시)이다. 이용자가 많은 길이 결국 대로로 발전하기 때문이다. 다만 여기에는 일제시기의 철도망을 포함하여 전반의 교통망이 기존의 전근대 도로망을 얼마만큼 계승했는지를 객관화하는 것이 쉽지 않다는 문제가 있을 뿐이다.

〈그림 12〉는 일제시기의 최고차 간선도로망인 1등도로와 조선시대의 최고차 간선도로망인 10대로의 본선만을 비교한 것이다. 제1로인 의주로는 거의 전 구간이 그대로 1등도로로 재정비되었고, 경흥로 역시 회령─온성 구간에서만 약간 차이가 있을 뿐 대부분 노선이 1등도로가 되었다. 동래로와 해남로 등도 짧은 구간을 제외하면 1등도로와 별 차이가 없다. 10대로 가운데 1등도로로 계승되지 않은 구간은 대부분 2등도로로 계승되었고, 반대로 1등도로 가운데 10대로 본선과 경로를 달리하는 구간은 대체로 10대로의 지선을 따랐다.

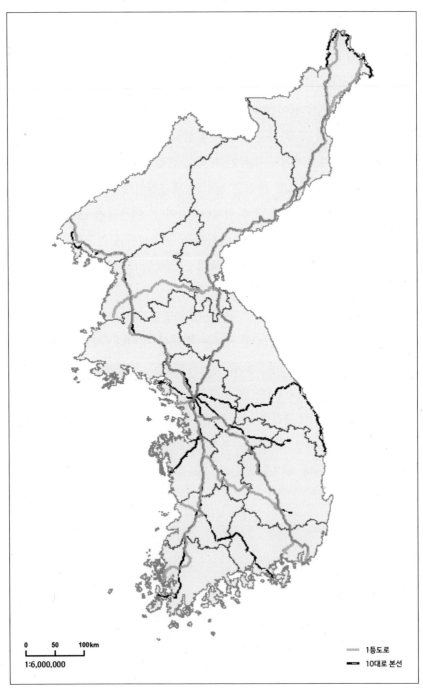

그림 12. 10대로 본선과 1등도로

일제시기 한국 철도망의 확산과 지역구조의 변동

1) 의주로(義州路)

의주로는 서울과 의주를 잇는 노선으로 개성－황주－평양－안주－정주 등의 주요 도회를 경유한다. 의주로는 열 개의 대로 가운데 지선 수와 경유지가 가장 많은 도로이자 4차지선을 갖고 있는 유일한 도로이다. 신경준과 김정호 모두 언급하지 않았지만, 이 길이 제1로로 명명된 것은 중국과 통하는 길이기 때문인 것으로 생각된다.

지역적으로는 경기북부지역과 황해도를 관통해서 평안도의 서부 저지대를 경유한다. 주요 지선들이 황해·평안도의 거의 모든 군현을 경유하는데, 개성, 평양, 안주 등지가 의주로의 주요 결절점(結節點)이 되고 있다. 특히 안주에서 분기하는 지선들은 오늘날 평안북도 거의 전역을 아우르고, 평양은 대동강 유역에서 사통팔달하는 교통의 중심지로 기능하였다.

의주로 본선은 일제시기에 거의 전 구간이 1등도로로 계승되었다(그림 13). 본선이 1등도로와 차이가 나는 구간은 선천－정주 구간, 평원군 일부, 황주－봉산 구간, 개성 북부 지역과 고양－파주 구간에 불과하다. 지선 중에는 평양에서 동쪽에 양덕 방향으로 뻗은 길이 1등도로로 정비되었다. 이 길은 원산까지 연결되었고, 그 반대 방향으로, 즉 평양에서 진남포를 잇는 길도 1등도로가 되었다.

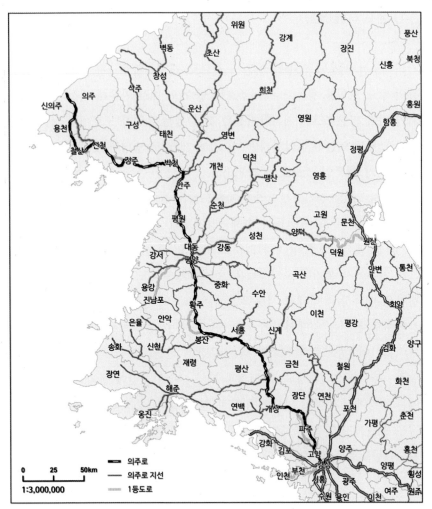

그림 13. 의주로와 1등도로

주 : 도로망은 조선시대의 것이지만, 궁극의 목적은 철도망과 비교하기 위한 것이므로 바탕에 깔려 있는 행정구역
은 일제시기를 기준하였다. 이하 지도에서도 같다.

2) 경흥로(慶興路)

경흥로는 서울에서 동북 방향의 극지인 두만강 하구를 잇는다. 경흥군 서수라까지이다. 경흥로는 회양에서 철령을 넘어 원산으로 이어지고, 이후 동해안을 따라 올라가다가 청진에서 회령-종성-온성-경원을 지나 경흥에 이른다. 주요 지선으로는 양주 의정부-평강-이천으로 이어지는 노선, 함흥-장진을 잇는 노선, 북청-삼수-후창에 이르는 노선 등이 있다.

경흥로는 전체 거리가 2,190리로 열 개의 대로 가운데 가장 길다. 그럼에도 분기로는 1차지선이 8개 노선, 2차지선이 3개 노선, 3차지선이 1개로 도로 길이에 비해 지선이 많지 않다. 산지의 분포가 탁월하여 도로망이 크게 발달하지 못했음을 잘 드러내준다. 10대로 본선의 전체 길이에서 경흥로가 차지하는 비율은 26.8%에 달하지만, 경흥로의 지선 수는 전체 지선 수의 9.1%에 불과하다.

경흥로에는 지선을 포함하여 모두 219개의 경유지가 표기되어 있다. 이 가운데 본선의 경유지가 116개로 절반을 넘는다. 본선의 경유지 간 평균 거리가 18.9리로 통영로와 충청수영로에 이어서 세 번째로 경유지 밀도가 낮다. 본선의 경유지 중에는 다른 노선과 달리 유독 군사 시설이 많이 등장한다. 특히 부령을 넘어 회령부터 두만강 연안으로 접어들면 종점인 서수라진까지 독덕참, 고령진, 방원진, 동관진, 훈융진, 무이진, 조산진 등과 같이 거의 전 경로가 군사 시설로 연결되는 형상이다(그림 15).

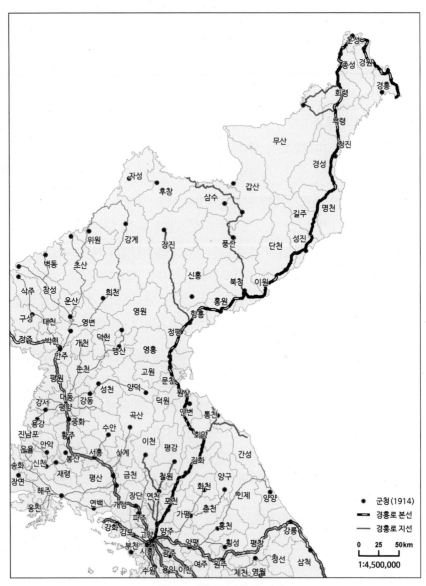

그림 14. 경흥로 본선과 지선

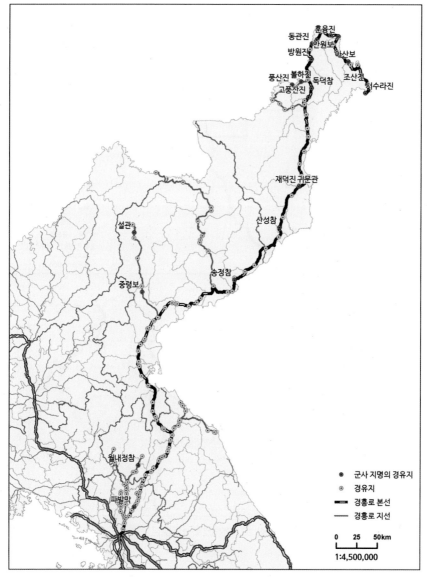

그림 15. 경흥로의 군사 지명

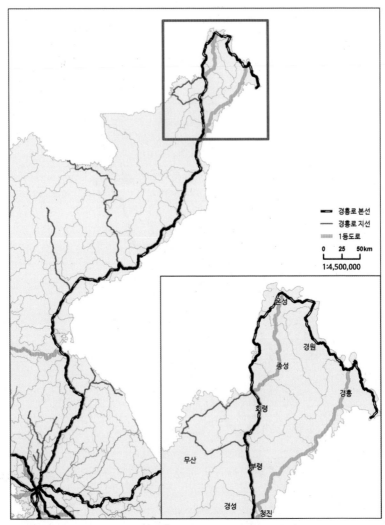

그림 16. 경흥로와 1등도로

경흥로 본선과 1등도로와의 관계는 의주로보다도 더 밀착되어 있다. 서울에서 청진까지는 전 구간이 1등도로로 계승되었다. 차이점은 청진에서 경흥까지 해안을 따라 1등도로가 새로 정비된 것, 그리고 회령에서 온성까지 두만강 연안이 아닌 약간 남쪽의 내륙 쪽으로 길이 새로 난 정도이다.

3) 평해로(平海路)

평해로는 서울에서 동쪽 방향으로 원주와 강릉을 경유한 후 평해까지 연결된다. 오늘날 울진군 평해읍이다. 강원도는 감영인 원주목과 영동 지방의 강릉대도호부가 양대 중심지라 할 수 있다. 평해로는 북한강의 고안진을 건너 양평에 접어들고, 대관령을 넘어 강릉으로 들어간다.

평해로는 1차지선 3개와 2차지선 4개로 모두 7개의 지선을 갖고 있다. 주요 지선으로는 양주 평구역에서 분기하여 화천과 춘천-양구로 이어지는 노선, 양평에서 홍천-인제-양양과 고성으로 이어지는 노선, 그리고 원주에서 분기하여 영월과 정선을 잇는 노선 등을 들 수 있다. 본선의 길이 대비 지선 수의 비율이 경흥로에 이어 두 번째로 낮다. 역시 백두대간 연안 지역을 통과하는 노선이기 때문에 도로 밀도가 높지 않다. 본선의 길이는 890리로 여섯 번째에 해당한다.

평해로의 경유지로는 모두 124곳이 올랐다. 본선의 경유지 간 평균 거리는 17.8리로 경흥로에 이어 네 번째로 간격이 멀다. 평해로의 특징은 령·현·치로 대표되는 고개 속성이 경유지로 많이 채택되었다는 것이다. 삼척은 기반암이 돌출된 지역이 많아 해안이 사빈이 아닌 암석(절벽)으로 이루어진 곳이 많기 때문에 이에 해안 지역임에도 유독 고개가 많다.

평해로는 본선일지라도 대부분 1등도로로 정비되지 못하였다. 대신 지선들은 대체로 2등도로로 계승되었다. 평해로와 신작로 노선의 차이는 춘천과 원주가 이전보다 훨씬 더 중요한 교통 결절지가 되었다는 것으로 요약할 수 있다. 봉화로의 충주와 평해로의 평창이 2등도로로 연결되었고, 양양에서 강릉에 이르기까지의 해안도로도 2등도로로 정비되었다. 한 가지 특이한 것은 평해로 본선이 2등도로조차 되지 못한 구간이 있다는 것이다. 양평 일대가 그러한데, 수원-이천-여주 축과 춘천-원주 축이 새로운 중심 축을 이루면서 그 중간에 위치한 양평의 중요도가 떨어진 것으로 이해된다.

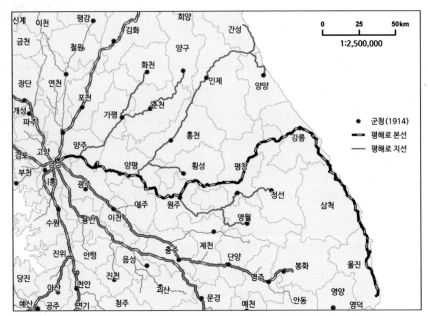

그림 17. 평해로 본선과 지선

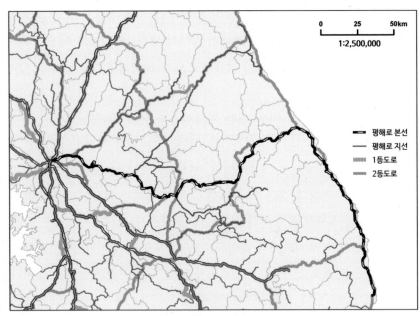

그림 18. 평해로와 1·2등도로

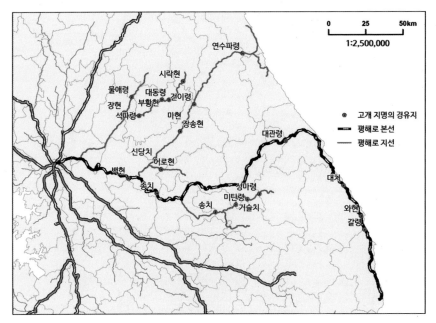

그림 19. 평해로의 고개 지명

4) 동래로(東萊路)

동래로는 서울에서 용인, 충주, 달천, 조령, 문경, 상주, 대구, 밀양 등을 거쳐 동래까지 연결한다. 주요 지선으로는 문경 신원에서 안동·영덕에 이르는 길과 역시 문경 유곡역에서 분기하여 상주, 거창, 합천, 창원, 거제 등 경상우도 거의 전역을 아우르는 길이 있다. 한편 함창(상주) 덕통역에서 분기하는 지선은 의성, 군위, 영천, 경주, 울산, 영일(포항) 등 경상좌도의 중·남부 지역을 연결한다. 의주로가 중국과 통하는 길이라면 동래로는 일본의 외교 사신(使臣)이 왕래하는 루트였다.

본선의 길이는 950리(11.6%)로 의주·경흥·통영·해남로에 이어 다섯 번째로 길지만, 지선 수는 28개(21.2%)로 의주로(24.2%)에 이어 두 번째로

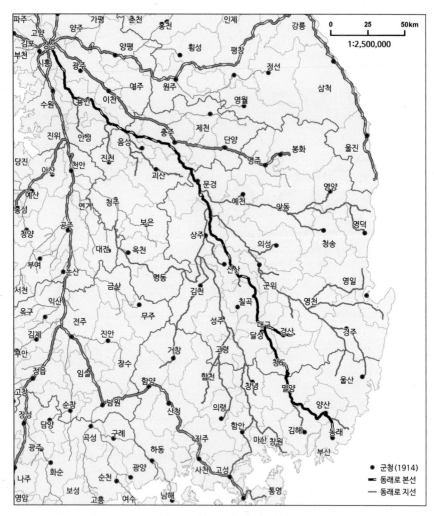

지도 내 라벨:
파주 고양 김포 부천 시흥 가평 춘천 홍천 인제 강릉
양주 양평 횡성 평창 정선 삼척
광주 용인 이천 여주 원주 영월 울진
수원 안성 음성 충주 제천 단양 봉화
진위 당진 아산 천안 진천 괴산 문경 예천 안동 영양 영덕
예산 홍성 연기 청주 보은 상주 의성 청송 영일
공주 대전 옥천 영동 김천 군위 영천 경주
청양 부여 논산 금산 무주 성주 칠곡 대구 경산 울산
서천 익산 전주 진안 거창 고령 달성 청도 밀양 양산
옥구 김제 장수 임실 함양 합천 창녕 김해 동래
함안 부산
정읍 남원 산청 의령
고창 순창 담양 곡성 구례 진주 마산 창원
장성 광주 화순 하동 광양 사천 고성
나주 보성 순천 통영
영암 고흥 여수 남해

0   25   50km
1:2,500,000

● 군청(1914)
▬ 동래로 본선
─ 동래로 지선

그림 20. 동래로 본선과 지선

많다. 이들이 서부 경남의 통영로권을 제외한 경상도 전역을 포괄하고 있다. 특히 통영로의 지선이 경상도에 거의 없다는 것은 경상도 거의 대부분 지역의 사람들이 동래로를 이용하여 상경(上京)했음을 암시한다. 동래로는 2차지선이 많다는 특징을 지닌다. 1차지선도 10개로 의주로와 해남로에 이어 두 번째로 많지만 2차지선은 17개로 다른 어떤 노선보다도 많다. 동래로

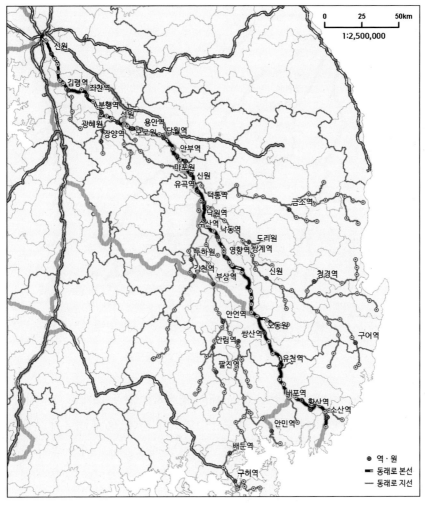

신원

김령역 좌찬역

분행역

석원 용안역

광혜원 모로원 단월역

장양역

안부역

마포원 신원

유곡역

덕통역

금소역

낙원역

소산역 낙동역

도리원

투하원 영향역 쌍계역

김천역 신원

부상역 청경역

안언역

오동원 구어역

쌍산역

안림역

유천역

팔진역

밴푼역

황산역 소산역

안민역

배둔역

구허역

역 · 원

동래로 본선

동래로 지선

그림 21. 동래로의 역원 지명

와 통영로는 대체로 낙동강 본류권과 남강권으로 나뉜다. 동래로는 임란
이후 일본과의 관계 속에서 중요도가 더 커졌다. 당시 사신들의 왕래에는
영남대로(=동래로=中路) 외에 영남좌로(左路)와 영남우로(右路)가 같이 운
영되었는데, 위 동래로의 분기로가 곧 좌로 및 우로와 거의 일치한다.

　동래로에는 모두 224개의 경유지가 수록되었다. 의주로와 해남로에 이

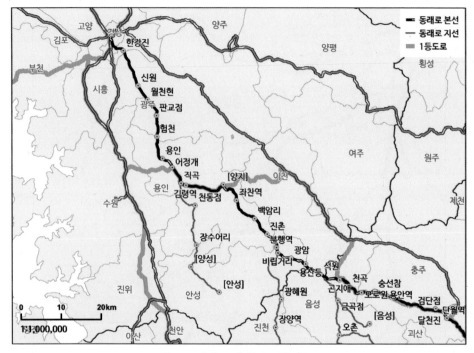

그림 22. 경기도 내 동래로와 1등도로

어 경유지가 세 번째로 많다. 본선 내의 경유지는 모두 66개로 경유지 간 평균 거리가 14.4리에 달한다. 평균 15.1리보다 짧다. 66개 경유지 가운데 역·원·진(津)·천(遷)과 같은 교통 시설이 25개(37.9%)로 가장 많이 수록 되었다. 이 점이 동래로 경유지의 가장 큰 특징으로 생각된다. 교통 시설물 중에는 김령·단월·유곡·덕통·낙동·유천·황산역 등 역이 15개로 가장 많고, 이어서 신원·석원·모로원·조령산성 동화원 등의 원(院)이 7개로 뒤를 이었다.

동래로 본선은 서울에서 한강진을 건너 서초구 신원동−월천현[다리내 고개]−판교−용인−양지−죽산−음성으로 이어지지만, 1등도로(경부선)는 영등포−수원(제10로, 수원로 구간)−용인−양지(동래로 구간)−이천−장 호원(봉화로 구간)을 경유한 후 음성 곤지애에서 본 동래로와 다시 만난다.

그 밖의 지역에서는 동래로 본선과 일제시기의 1등도로가 거의 일치한다. 경성과 부산을 잇는 1등도로는 천안에서 연기－대전－영동－김천－대구로 이어지는 노선이 하나 더 있었다.

5) 제주로(濟州路＝海南路)

제주로는 서울에서 해남까지, 해남에서 해로를 이용하여 제주도까지 이어진 길이다. 해로는 해남의 이현진에서 제주읍까지이다. 육지부의 종점이 해남이기 때문에 해남로라고 부르기도 한다. 전통적으로 제주로라 하면 제주도의 도로망을 포함한 것이다. 다만 『대동지지』는 제주도 내의 도로망만을 따로 '제주로'로 명시하였다. 이 제주로는 본선과 지선 두 개로 구성된다. 본선은 제주읍에서 시계방향으로 정의현과 대정현을 지나 다시 제주읍까지 돌아오는 120리 길이고, 두 지선은 제주와 정의, 그리고 제주와 대정을 바로 잇는 직선로이다. 오늘날 정의로는 97번 지방도로(번영로)로, 대정로는 1136번과 1135번 지방도로(노형로+평화로)로 계승되었다. 본선인 해안도로를 포함하여 세 노선은 제주도에서 가장 유서 깊은 길이 된다.

제주로는 서울에서 과천－수원－천안－공주－전주－장성－나주를 경유하여 해남 우수영(右水營)까지 이어지는 970리 길이다. 지선 수는 26개로 의주로와 동래로에 이어 세 번째로 많고, 경유지는 233개로 의주로에 이어 두 번째로 많다. 노선 길이에 비해 노선 수가 많은 편에 속해 상대적으로 지선의 길이가 짧다는 것을 알 수 있다. 본선의 경유지는 88개로 의주·경흥로에 이어 세 번째로 많고, 경유지 간 평균 거리도 11.0리로 의주·강화로에 이어 세 번째로 짧다.

서울 이남의 서부 저지대를 종관하는 제주로는 의주로, 경흥로, 동래로와 더불어 한반도 내의 네 방향 중심축을 형성하는 도로이다. 이 전근대

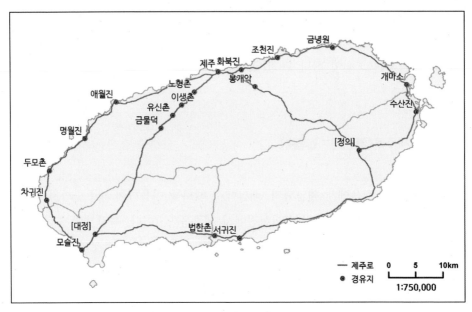

그림 23. 조선 후기 제주도의 간선도로망

도로축은 일제시기에 그대로 철도망의 중심축으로 전이되는데, 호남선, 경의선, 경원－함경선, 경부선이 이와 같다. 일제시기에 정비된 1등도로 역시이를 근간으로 한다. 이 축에서 벗어나 있는 1등도로는 모두 네 중심축을이어주거나 여기서 분기하는 짧은 도로들이다.

　네 간선도로 가운데 1등도로와의 일치도가 가장 많이 떨어지는 노선은제주로이다. 당시 1등도로 경성목포선은 영등포－수원 노선을 따르는데,이는 10대로 중 제10로인 수원로 노선이다. 오산－성환 구간에서 해남로는소사점을 경유하지만 1등도로는 지금의 평택시를 지나고, 공주－논산 구간에서도 1등도로는 현재의 논산시 쪽으로 방향을 틀었다. 익산－삼례－김제 구간에서 일치도는 더 떨어진다. 해남로는 탄현－삼례－초존－이서－금구로 이어지지만, 1등도로는 탄현－익산－금마－전주－금구로 우회하여돌아온다.

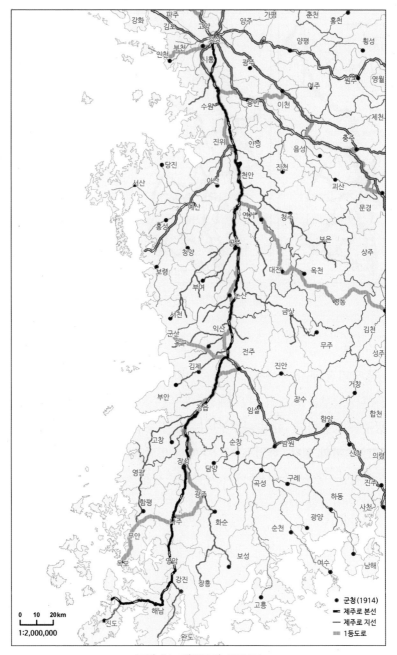

그림 24. 제주로와 1등도로

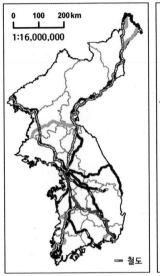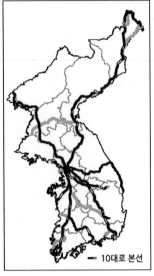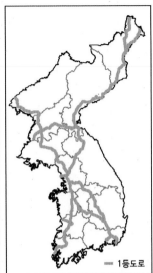

그림 25. 10대로, 1등도로, 철도

여러 달라진 구간 중에서도 가장 큰 변화를 보인 곳은 장성-광주-나주 구간이다. 장성읍을 빠져 나온 해남로는 나주로 바로 이어지지만 1등도로는 광주를 경유한다. 한편 나주부터는 아예 종점을 달리하기 때문에 노선도 완전히 비껴 있다. 해남로는 나주에서 영암을 경유하여 해남읍과 우수영을 잇지만 1등도로는 나주에서 서쪽으로 함평 학교면을 지나 무안, 목포로 이어진다(그림 27).

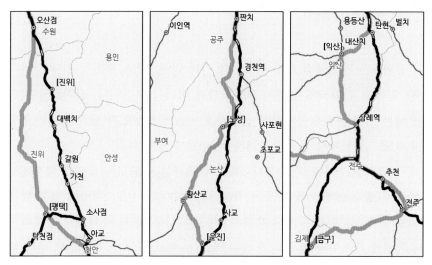

그림 26. 제주로와 1등도로의 노선 비교(1)

(좌: 오산-성환, 중: 공주-논산, 우: 익산-김제 구간)

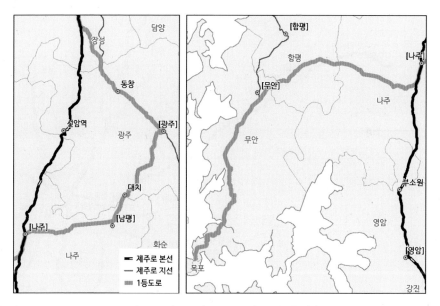

그림 27. 제주로와 1등도로의 노선 비교(2)

(좌: 장성-나주, 우: 나주-목포/해남 구간)

6) 강화로(江華路)

강화로는 서울에서 한강 양화진을 건너 양천, 김포, 통진을 지나 강화까지, 그리고 강화도에서 다시 교동도까지 이어지는 길이다. 강화로의 지선으로는 철곶포에서 분기하여 곰달래고개(古邑達乃峴)과 별고개(벼리고개, 星峴)를 넘어 부평과 인천을 잇는 경인로가 있다.

『도로고』(1770) 단계 때부터 6대로에 속하는 강화로는 10대로 체제에서도 수원로와 함께 가장 규모가 작은 '대로'이다. 지선도 2개밖에 없고 경유지도 모두 다 합해 21개에 불과하지만, 본선 160리 안에 15개의 경유지가 촘촘하게 수록되어 경유지 간 평균 거리(10.7리)가 의주로(8.7리)에 이어 두 번째로 짧다.

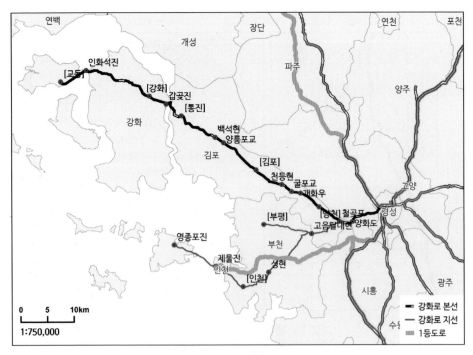

그림 28. 강화로와 1등도로

강화로의 지선인 경인로는 개항 직후부터 신작로로 정비되기 시작하여 1890년대에 이미 노선의 변화를 겪는다. 합병 이후 1등도로는 이를 근간으로 한 것이다. 1부에서 언급했듯이, 경인로의 가장 큰 변화는 성현을 넘어 도호부청사(관교동)로 이어지던 노선이 인천에 감리서가 설치된 이후 원통이고개를 넘어 제물포를 연결하는 것으로 바뀌었다는 것이고, 이를 유도한 것이 바로 경인철도라는 사실이다. 강화로는 이처럼 시대와 지역 상황의 변화에 따라 본선이 아닌 지선이 먼저 1등도로로 개수되었다.

7) 봉화로(奉化路=太白山路)

봉화로는 서울에서 경상도 봉화군 태백산사고(太白山史庫)를 잇는다. 6대로 체제가 19세기 초반에 7대로 체제로 확대될 때 대로로 승격한 도로이다. 본선의 길이는 500리로 10대로 중 일곱 번째로 길지만 경유지 36개의 평균

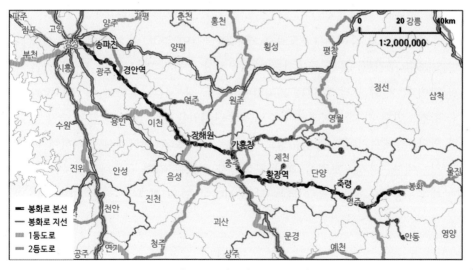

그림 29. 봉화로와 1·2등도로

거리가 13.9리로 의주로, 강화로, 해남로에 이어 네 번째로 짧다.

지선으로는 여주, 영춘, 청풍, 순흥, 예안을 잇는 1차지선 5개가 있다. 봉화로 본선 경로 중 1등도로가 된 곳은 이천-장호원 구간이 유일하다. 광주-이천과 음성-영주 간 옛 길이 그대로 2등도로로 계승되었고, 남양주-광주와 장호원-음성, 그리고 제천-영춘 구간이 대체로 3등도로 급으로 떨어졌다.

8) 충청수영로(忠淸水營路)

충청수영로는 19세기 중반 여덟 번째 대로로 승격한 길이다. 제주로의 경유지인 소사점에서 분기하여 신례원과 광천을 지나 충청수영까지 이른다. 충청수영은 현 보령시 오천면 소성리 일대에 있었다. 본선의 길이는 360리로 수원로(100리)와 강화로(160리)에 이어 8번째로 짧고, 경유지 수역시 42개로 앞의 두 대로에 이어 8번째이다. 지선으로는 1차지선이 8개, 2차지선이 1개 있다.

충청수영로 중에는 1등도로로 개수된 구간이 없고, 본선 중에서는 신창-보령 구간이, 지선 중에서는 해미-서산 구간만 2등도로로 계승되었을 뿐이다. 사실 충남 일대는 1970년대까지도 경부선과 장항선 두 철도망과 당진-인천 간 해운여객선이 주 교통수단이었을 만큼 도로 상황이 좋지 않았다. 일제시기에도 충청수영로 권에는 2등도로가 천안에서 분기하여 아산-예산-홍성-보령을 지나 군산까지 이르는 길과 공주에서 분기하여 대흥-홍성-서산으로 이르는 두 노선만이 있을 뿐 1등도로는 없었다.

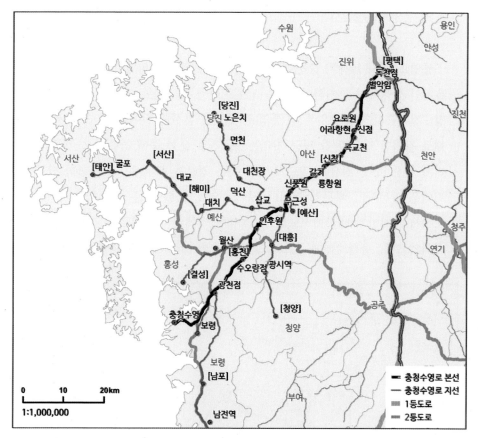

그림 30. 충청수영로와 1·2등도로

9) 통영로(統營路)

통영로 역시 19세기 중반에 아홉 번째 대로로 등장하였다. 제주로의 경유지인 삼례에서 분기하여 전주－남원－여원치－운봉－팔량치－함양－산청－진주－사천을 경유한 후 통영에 이른다. 본선의 길이가 990리로 세 번째로 길지만 경유지 간 평균 거리는 38.1리로 본선 중에 경유지 사이의 거리가 가장 멀다. 경유지 밀도가 낮은 것은 경로가 백두대간을 포함한 산지지역을 관통하기 때문일 것이다. 충청수영로와 통영로는 제5대로인 제주로에서 분기하기 때문에 『도로고』(1770) 단계에서는 제주로의 지선으로 인식되었으나, 충청수영과 삼도수군통제사영(三道水軍統制使營)이라는 두

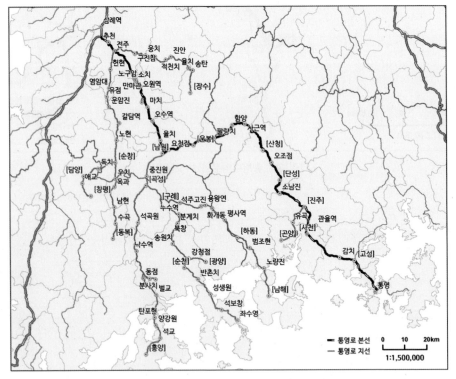

그림 31. 통영로 본선과 지선

군사 요지를 연결하는 중요성에 따라 '대로'의 자격을 얻었다.

통영로에는 1차지선이 5개, 2차지선이 4개, 3차지선이 1개로 모두 열 개의 지선이 있다. 도로 연장에 비해 지선의 수도 적은 편이다. 각 지선은 역시 주요 도회인 전주, 남원, 진주에서 분기한다. 전주에서는 동쪽으로 진안 −장수까지, 남쪽으로 순창−동복까지, 남원에서는 남쪽으로 곡성−벌교 −고흥까지, 곡성−순천−여수−좌수영까지, 곡성−구례−하동−남해까지 이르는 지선 등이 전라좌도 일대에서 광범하게 펼쳐진다.

경유지는 모두 89개가 수록되었다. 이 중 자연지명이 27개인데 그 중에서 고개가 20개를 차지한다(본선 6개, 지선 14개, 그림 31). 백두대간을 넘는 것은 물론이고 남해안 지역도 실제 산세가 약하지 않기 때문이다. 통영

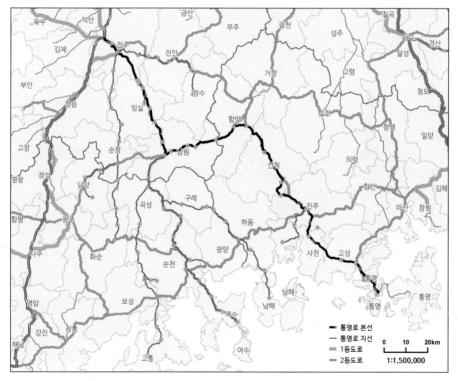

그림 32. 통영로와 1·2등도로

로 본선은 일제시기에 대부분 2등도로로 정비되었고, 지선 중에는 주로 동서방향으로 난 길이 2등도로로 계승되었다.

10) 수원로(水原路)

수원로는 『대동지지』(1864) 단계에 대로로 승격한다. 정조의 수원 신도시 건설과 함께 18세기 후반에 이미 '신작로'로 정비된 길이다. 주지하듯 정조가 기존의 과천 남태령길[제주로]을 넘는 것을 기피하여 시흥－사근평－지지대고개를 경유하는 노선을 정비하면서 대로가 되었다.

그림 33. 수원로 본선과 지선

길이는 100리로 본선 중 가장 짧고, 분기로도 시흥에서 안산에 이르는 길 하나뿐이다. 경유지 역시 본선에 7개, 지선에 2개에 불과하다. 본선의 경로는 노량진을 건너 문성도(독산동), 시흥현(현 금천구 시흥동), 안양행궁(현 안양동 안양 1번지 부근), 사근평행궁(의왕시 고천동), 수원행궁(수원시 신풍동)을 경유하여 건릉으로 이어진다. 현재에도 이 길은 거의 남아 있지만 수원행궁－건릉 구간은 한국전쟁 이후 비행장과 도로 건설 등으로 인해 많이 사라졌다. 전술했듯이 수원로 본선은 거의 대부분 경성목포선 1등도로로 정비되었다.

03

\

조선시대 간선도로망의 분포 특징

『대동지지』에 근거한 19세기 후반의 도로망이 20세기 초입과 크게 다르지 않다면, 당시 조선의 도로망은 다음과 같은 특징을 지닌다. 첫째 모든 간선도로망의 출발점은 서울이고, 종착점은 한반도의 각 극지를 연결하는 구조를 보인다. 둘째 각 대로에서 분기하는 지선은 기본적으로 인근의 각 치소(治所, 군현 중심지)를 연결하는 방향성을 지닌다. 셋째 모든 대로와 지선은 노선 간 연결로 없이 각자 독립적이고 개별적인 경로를 취한다. 그러나 이는 문헌에 기록된 경로가 그렇다는 것이고, 실세계에서는 모든 도로망이 당연히 연결되어 있다. 넷째 노선을 획정하는 방식은 종점까지의 이동 경로를 가능한 직선으로 연결하는 것이다. 이에 노선은 산지를 만나더라도 평지를 찾아 우회하기보다는 최대한 직선상의 낮은 고갯길을 선택하는 경향이 있고, 치소라고 하더라도 경로가 우회하게 되면 본 노선이 이를 관통하지 않고 따로 연결로를 두는 것이 일반적이다.

기존의 10대로 도로망과 일제시기 신작로의 지역적인 분포 패턴에도 약간의 차이가 있다. 10대로는 북부지방보다는 남부지방에 좀더 밀집되어 있으며 행정구역으로는 서울을 중심으로 경기도와 충청도에 밀도가 높다. 반면 1·2등도로의 분포는 지역적 안배를 고려하는 근대적 관점이 보인다.

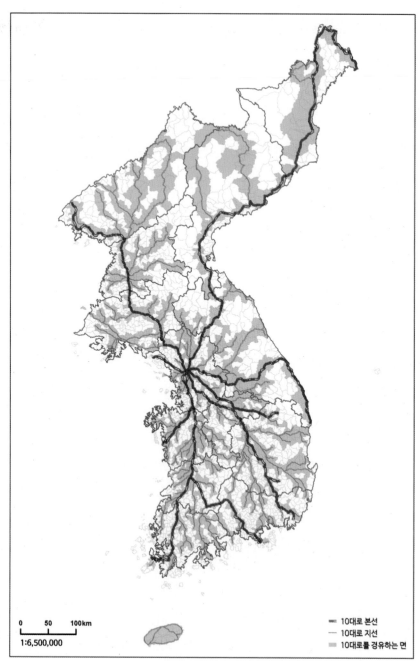

0   50   100km

1:6,500,000

▬ 10대로 본선
── 10대로 지선
▨ 10대로를 경유하는 면

그림 34. 10대로가 경유하는 면(행정구역은 1914년 기준)

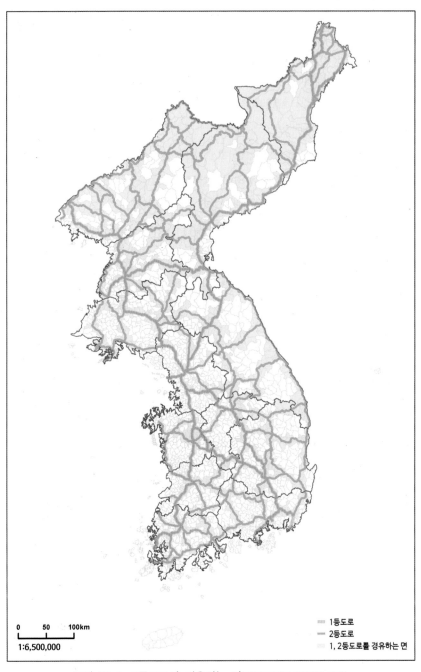

0   50   100km

1:6,500,000

  ━━ 1등도로
  ━━ 2등도로
  ▨ 1, 2등도로를 경유하는 면

그림 35. 1 · 2등도로가 경유하는 면(행정구역은 1935년 기준)

상대적으로 밀도가 떨어지지만 북부지방에도 간선도로망이 건설되었고, 중·남부지방은 중앙 중심적 사고에서 벗어나 지역 간 연결을 중시하는 패턴을 보여준다. 도별 면 수 대비 1·2등도로가 경유하는 면 수에 기준하면, 도로밀도가 가장 높은 지역은 북부지방의 함경도와 평안도이고 나머지 도는 비슷한 수준을 보인다.

전근대 간선도로망과 20세기 이후의 철도망 분포 패턴이 유사한 방향성을 지닌다는 점도 매우 시사적이다. 지역에 따라서는 기존 10대로의 일부 구간이 그대로 철도선으로 편입되기도 하였다. 특히 의주로는 경의선과, 경흥로는 경원·함경선과 뻗어 있는 경향이 다르지 않다. 미시적인 차이는 있겠지만, 철도선 역시 기본적으로 대도회를 연결하고 주변 지세를 고려할 수밖에 없기 때문이다. 경의선의 경우 당시는 물론 전근대로부터 대도회였던 개성과 평양을 경유지에서 배제할 수 없는 한, 의주로에서 크게 벗어날 수 없는 것이다.

경원선 철도 역시 경흥로와 대동소이하다. 가장 큰 차이가 나는 구간은 의정부에서 원산까지인데, 경흥로는 철령을, 경원선은 추가령을 택했기 때문이다. 그러나 의정부에서 연천-철원-추가령-원산으로 이어지는 경원선 역시 오래 전부터 주요 도로로 이용되어 왔던, 이른바 삼방로(三防路) 노선을 따른 것이다. 이 길은 특히 18세기 이후 원산의 북어상(北魚商)이 서울로 입경하던 메인 루트로 유명했는데, 이 역시 『도로고』에 명시된 경흥로의 지선에 속한다.

경부 철도는 서울에서 천안까지 제주로와 별 차이가 없고, 청도-밀양-삼랑진-물금(양산) 구간은 동래로와 나란히 놓여 있다. 낙동강 연안의 밀양역과 물금역 사이, 조선시대에도 지세가 험하기로 유명했던 작원 부근에서는 경부 철도가 기존의 동래로 본선을 그대로 대체하였다. 협곡을 이루고 있는 지세 상 철도선을 부설할 수 있는 공간을 따로 마련할 수 없었기 때문이다.

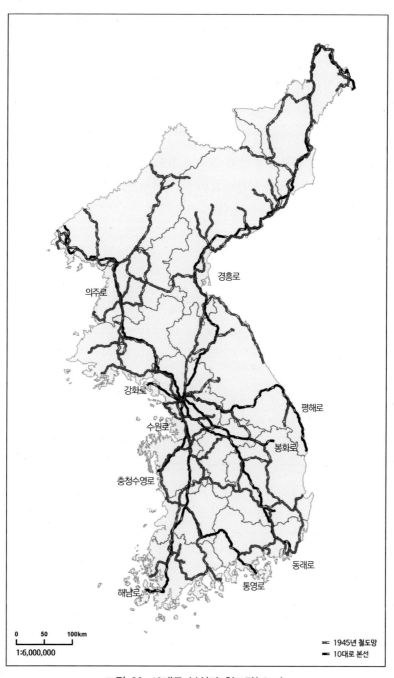

의주로

경흥로

강화로

평해로

수원로

봉화로

충청수영로

동래로

해남로

통영로

0   50   100km
1:6,000,000

1945년 철도망
10대로 본선

그림 36. 10대로 본선과 철도망(1945)

중앙선(구 경경선) 철도의 경우 서울에서 원주까지는 평해로와, 단양에서 영주까지는 봉화로와 거의 동일하고, 장항선(구 충남선)이 천안에서 분기하고 충청수영로가 아산에서 분기하는 것을 제외하면 두 육로는 보령까지 노선을 같이 한다. 전라선은 전주에서 남원까지 통영로 노선을 따랐다.

이상 10대로 본선만을 대상으로 철도망의 관계를 간략히 살펴보았다. 향후에는 지선을 포함하는 종합적 연구가 진행될 필요가 있다. 그러나 이 시점에서는 이 문제에 대한 인문학적 또는 역사지리학적 연구 방법론을 개발하는 것이 선결 과제로 떠오른다.

3부
철도 부설과 함께 정비되는 '신작로'

01

신작로의 의미와 치도사업의 전개

일제는 통감부 시절부터 조선에 도로를 건설하기 시작하였다. 1906년 4월 내부(內部)에 치도국을, 각 도에는 치도공사소를 설치하고, 영산강—목포, 대구—경주—영일만, 진남포—평양—원산, 금강—군산에 이르는 지역을 조사하고 도로 건설에 착수하였다. 이후 1907년에는 진남포—평양, 목포—광주, 군산—전주, 대구—경주 간의 도로 공사를 착수하였고, 1908년에는 수원—이천, 신마산—진주, 공주—소정리, 신안주—영변, 황주정거장선, 신의주—마전동선, 해주—용당포 간의 도로를 건설하였다. 1909년에는 의병 귀순자들의 생업을 도와준다는 명목 하에 해남—하동선과 청진—경성연장선, 1910년에는 진남포—광양만, 경주—포항, 사리원—재령, 천안—온양, 청주—조치원, 대구—칠곡, 함흥—서호진, 영흥—유도, 청진—회령, 무산령 부근, 전주—광주선 부근, 함북 마천령, 마운령, 남갈령, 함관령 등의 도로 공사에 착수하였다. 1906년 이 '도로개수계획'에 따라 1910년까지 1·2등도로 806.6km가 완공되었다.

1910년 총독부가 설치된 이후부터는 도로를 좀더 체계적으로 관리하기 시작하였다. 우선 1911년에 「도로규칙」을 제정하고, 1915년에는 이를 개정하였다. 이때부터 조선의 도로에는 등급이 부여되었고, 관리 주체가 정해졌으며, 도로 수축에 표준을 갖게 되어 노면과 노폭, 경사면 등에 대한 규정이 생겨났다.

우리는 '신작로'를 일제 때 '새로 건설한 길'로 인지하지만, 이 말은 조선시대에도 용례를 찾아볼 수 있는 보통명사와 같은 것이다. 정조의 화성 행차와 관련하여 새로 정비한 길을 '신작로'라 하였으니 곧 『대동지지』에 수록된 수원로를 일컫는다. 더구나 새로 건설한 길이라는 것 역시 전에 없던 완전히 새로운 길이 아니라 거의 대부분 기존의 도로를 정비한 것에 지나지 않는다. 다만 일제 때의 신작로가 그 전의 신작로와 다른 점은 공공기관에 의해 관리되기 시작하였다는 것이다. 따라서 신작로는 '새로 건설한 길'이 아니라 등급이 부여되고 관리 주체와 건설 규정에 적용받는 길로 인식해야 할 것이다. 어쨌든 조선의 도로는 이제 본선과 지선이 아닌 1등, 2등, 3등도로와 등외도로로 구분되었다. 노폭은 1등도로가 7.3m, 2등도로가 5.5m, 3등도로가 3.6m이고, 조선총독부는 1등도로와 2등도로를 직접 관리하였다.

조선총독부는 1911년에 이전의 '도로개수계획'을 변경하여 제1기 치도사업 공사를 5개년으로 계획했다가 2년 연장하여 1917년까지 시행했다. 이때 일제는 2,689km의 도로를 개수하였는데, 이 가운데 1등도로는 이천-장호원, 수원-소정리, 서울-원산 구간이었고, 2등도로는 서울-이천, 서울-춘천, 이천-강릉 간 노선이었다.

제2기 치도사업은 1917년부터 역시 5개년으로 1922년까지 계획하였다. 이때까지 목표로 잡은 도로 길이는 1,880km였지만 실적은 1,011km에 머물렀고, 9개의 교량 건설 계획은 단 하나도 성공하지 못하였다. 이에 사업은 연장을 거듭하며 1938년까지 지속되었고, 개성-평양, 서울-원산 구간이 1등도로로, 개성-벽란도, 서울-오리진 구간 등이 2등도로로 개수되었다.

1938년에는 기존의 「도로규칙」이 폐지되고 「조선도로령」(朝鮮道路令)이 공포되는데, 이때 1등·2등·3등·등외도로의 도로 분류 체계가 국도·지방도·부도·읍면도로 바뀌었다. 이 분류의 근간은 오늘날까지 유지되고 있다.

02

1등도로와 2등도로의 분포

일제시기에도 도로망 정보를 담고 있는 문헌을 찾는 것은 쉽지 않다. 전술했지만, 선상(線狀)의 이미지 정보를 텍스트로 기술하는 것이 용이하지 않기 때문이다. 주지하듯 도로망은 지도로 표현하는 것이 가장 효과적인데, 조선은 1910년대부터 매우 정교한 대축척 지도를 제작하고 있었다. 이에 전국의 주요 도로망 정보는 1:50,000 지형도는 물론 관내도나 지세도와 같은 편집도를 통해서도 제공되고 있었다.

일제시기 도로망 상황을 알려주는 자료 중에는 『조선의 도로』(1935)가 대표적이다. 이 책자에는 당시 도로 건설과 개수에 대한 현황과 예산, 지출, 교량 등에 대한 정보가 수록되어 있다. 이 가운데 가장 기본이 되는 정보는 1등도로와 2등도로에 대한 노선명과 주요 경유지에 대한 건설 현황표이다. 그러나 이 자료에는 구간별 공사 현황이나, 인력, 경기, 착·완공 시기, 거리 등에 대한 구체적인 시공간정보를 찾을 수 없다. 이에 지역별/구간별/시기별 확산 과정을 살필 수 없어 동일 차원에서 철도망과 비교할 수 없다는 점이 아쉽다. 『조선의 도로』에 따르면 1935년 조선에는 모두 17개 노선의 1등도로가 있었다(그림 37).

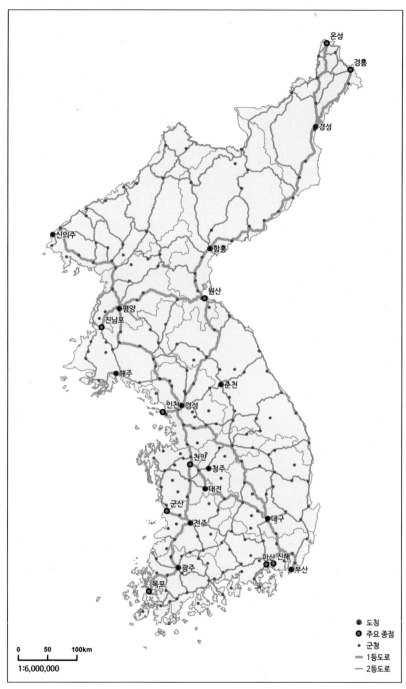

온성
경흥
경성
신의주
함흥
원산
평양
진남포
해주
춘천
인천 경성
천안
청주
대전
군산
전주
대구
마산 진해
부산
광주
목포

● 도청
◉ 주요 종점
· 군청
━ 1등도로
─ 2등도로

0   50   100km
1:6,000,000

그림 37. 1등도로와 2등도로(1935)

표 4. 1등도로의 노선명과 주요 경유지

연번	노선명	주요 경유지						
1	경성부산선	수원	이천	충주	상주	대구	삼랑진	동래
2	경성목포선	수원	천안	공주	전주	태인	광주	나주
3	경성인천선							
4	경성의주선	장단	개성	남천점	평양	안주	정주	
5	경성원산선	의정부	김화	신안역	남산역			
6	평양원산선	장림리	양덕	덕원				
7	평양진남포선							
8	천안대구선	대전	김천					
9	전주군산선							
10	삼랑진마산선	창원						
11	창원현동선							
12	원산회령선	함흥	북청	성진	경성	수성		
13	회령행영선							
14	행영온성선	북창평						
15	수성경흥선	부거	웅기					
16	수성청진선							
17	나남청진선							

출처 : 『朝鮮の道路』(1935, 조선총독부)

「도로규칙」에 1등도로는 경성과 도청소재지, 주요 군사지역·항구·철도기항지를 연결하는 도로를 일컫는다. 2등도로는 도청소재지와 부·군청소재지 및 관내 주요 지점을 연결하는 도로이고, 3등도로는 부·군청 소재지 간 도로와 관내의 주요 지점을 잇는 도로이다. 1935년 기준하여 전체 도로망에서 1·2등도로망의 비중은 그리 많지 않다. 이는 곧 3등도로와 등외도로의 비율이 월등히 높다는 것을 의미한다. 1910년대에 발행된 1:50,000 지형도 범례에 도로는 1등도로, 2등도로, 달로(達路), 연로(聯路), 간로(間路), 소로(小路)로 분류되었는데, 달로가 대체로 3등도로에 속했던 것으로 생각된다(그림 2 참조, 30쪽). 달로는 두 개의 실선으로 표시하는데 2등도로보다 선의 굵기가 얇고 간격이 좁다. 군청과 면소재지를 잇는 수준의 도로가 대체로 달로이다. 1935년에 2등도로 노선 수는 82개였다.

표 5. 2등도로의 노선명과 주요 경유지

연번	노선명	주요 경유지						
1	의정부평양선	삭녕	수안					
2	경성오리진선	춘천						
3	경성해주선	개성	백천	연백				
4	경성강릉선	이천	원주					
5	충주내덕선	영천	안동					
6	공주충주선	조치원	청주					
7	공주대전선							
8	공주홍성선							
9	천안홍성선	온천리						
10	군산서산선	홍성						
11	전주진주선	안의						
12	영동전주선	무주	진안					
13	전주줄포선	정읍						
14	전주여수선	남원	순천					
15	광주안의선	남원						
16	광주보성선							
17	광주순천선	화순	학구정					
18	광주법성포선							
19	나주해남선							
20	영암장흥선							
21	대구안동선	칠곡	의성					
22	대구경주선	영천						
23	대구통영선	현풍	마산					
24	영천의성선							
25	경주양양선	평해	삼척	강릉				
26	진주상주선	안의	김천					
27	진주삼천포선							
28	거창창녕선							
29	마산우수영선	진주	순천	해남				
30	부산하서선							
31	부산경주선	동래	울산					
32	김화충주선	춘천	원주간					
33	김화남천점선							
34	통천신안역선							
35	김화고성선	창도	말휘리					
36	충주강릉선	제천	영월	평창				
37	영천울진선							
38	함창안동선	예천						
39	해주진남포선	재령	안악					
40	해주옹진선	강령						

41	강령창암선							
42	옹진진남포선	은율	송화					
43	해주봉산선	재령	사리원					
44	해주용당포선							
45	해주황주정차장선							
46	해주양덕선	신계	남천점					
47	신안함흥선	안주	덕천	영원				
48	안주의주선	박천	구성					
49	안주부산동선	희천	강계	오가산동				
50	운산초산선	우현진						
51	평양영원선	자산	신창					
52	진남포광양만선							
53	숙천광양만선							
54	숙천성천선							
55	맹중리운산선							
56	운산창성선	신창						
57	의주용암포선	신의주						
58	정주삭주선	구성						
59	구성신창선							
60	의주혜산진선	삭주	위원	자성	중강동	죽전	신갈파진	강구리
61	함흥황수원선	중리	경흥리					
62	길주무산선	연암						
63	함흥자성선	장진	오가산동					
64	함흥서호진선							
65	장진만포진선	강계						
66	장진혜산진선	삼수						
67	원산양양선	통천	고성					
68	원산초산선	덕원	영흥	영원	희천	우현진		
69	혜산진무산선	처항령						
70	북청갑산선	황수원						
71	북청신포선							
72	영흥유도선							
73	경성경원선	수성	부령	백사봉	고건원			
74	경원종성선	북창평						
75	무산청진선	무릉대						
76	성진혜산진선	갑산						
77	무산경흥선	회령	행영					
78	회령온성선	종성						
79	웅기온성선	신아산	신건원	경원				
80	경원유다도선							
81	평양비행장선							
82	회령웅기선							

출처 : 『朝鮮の道路』(1935, 조선총독부).

03

\

신작로와 철도망 분포의 특징

17개 1등도로망은 13개 도를 모두 경유한다. 이중 함경북도로는 가장 많은 6개 노선이 경유한다. 두 번째는 5개 노선이 경유하는 경기도이고, 평안남도와 경상남도가 3개 노선, 그리고 충북·충남·전북·경북·함북이 2개 노선, 나머지 강원·전남·평북·황해도가 1개 노선이 경유한다. 비록 함경북도에 노선이 집중된 양상이지만 노선 길이가 길지 않다. 종관도로적 성격을 띠는 1등도로는 조선의 10대로와 같이 서울로 수렴하는 형상을 띤다. 20세기 초입, 적어도 1910년대까지 1등도로망과 종관철도망(경부·호남·경의·경원·함경) 그리고 10대로 본선은 그 노선이 크게 다르지 않았다.

1935년 전국의 234개 부·군 가운데 일부 군은 2등도로 조차 경유하지 않았다. 강화, 남해, 울릉, 완도, 진도 등과 같이 도서로 이루어진 군을 제외하면, 강원도의 정선군, 경기도의 김포·안성·양평군, 경남의 의령군, 경북의 고령·성주·영양군, 전남의 고흥·구례군, 전북의 고창·금산군, 충북의 보은·진천군, 충남의 당진·부여·청양군, 황해 신천군은 2등도로도 보유하지 못했다.

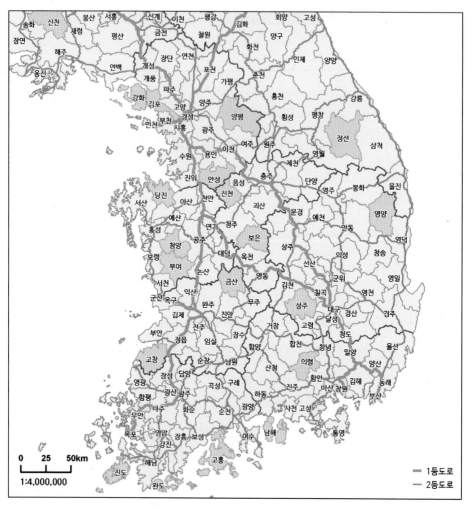

다음은 지도에 표시된 지명들입니다.

송화 신천 봉산 서흥 신계 이천 평강 김화 회양 고성
장연 재령 평산 금천 철원 양구
해주 연백 개성 장단 연천 춘천 화천 인제 양양
옹진 개풍 파주 포천 가평 홍천 강릉
강화 김포 고양 양주 춘천 평창
인천 경성 부천 시흥 광주 양평 횡성
수원 용인 이천 여주 원주 영월 정선 삼척
진위 안성 음성 충주 제천 단양 영주 봉화 울진
당진 아산 천안 진천 괴산 문경 예천 안동 영양
서산 예산 연기 청주 상주 의성 영덕
홍성 공주 보은 선산 청송
청양 대덕 옥천 군위 영일
보령 부여 논산 영동 김천 칠곡 영천
서천 익산 금산 무주 김천 성주 대구 경산 경주
군산 옥구 완주 진안 거창 고령 달성 청도
부안 전주 장수 함양 합천 창녕 밀양 울산
정읍 임실 남원 산청 의령 양산
고창 순창 진주 함안 김해 동래
영광 장성 담양 곡성 구례 하동 마산 창원 부산
함평 광산 광주 화순 순천 광양 사천 고성
무안 나주 영암 장흥 보성 여수 남해 통영
목포 강진 여수 고흥
해남 진도
완도

0 25 50km
1:4,000,000

= 1등도로
— 2등도로

그림 38. 1 · 2등도로가 경유하지 않는 군(1935)

1920년대까지 조선의 교통망에 대한 두 가지 중요한 사실은 새로운 교통수단인 철도가 도입되었다는 것과 그 노선이 기존의 주요 교통망에서 크게 벗어나 있지 않다는 것이다. 주요 도회를 연결하려는 교통로의 기본적인 관성이 이때까지 교통망의 대체를 결정하고 있었던 것이다. 그런데 1930년대가 되면 도로망과 철도망이 약간 다른 양상을 띠며 발전한다. 도로는 철도에 비해 건설이 좀 더 용이한 측면이 있으므로 그물망처럼 발전하고 있었지만, 철도망은 특히 산악지역에서 특화되고 있었다.

이러한 철도선은 주로 1930년대 후반에 건설되었다. 예컨대 혜산선(1935), 중앙선(1939), 단풍선(1939), 함남선(1942), 장연선(1937), 수인선(1937), 경기선(1927) 등이 1·2등도로가 지나지 않는 지역을 경유하며, 중·남부지방보다는 북부지방에 더 밀집되어 있다. 결국, 종관철도망이 완료된 1920년대 말부터는 철도망과 도로망이 전에 비해 좀 더 각자의 노선을 추구한 것처럼 보인다. 이는 20세기 전반 식민지 한국에서 근대적 도로와 철도가 어떤 양상으로 확산·전개되어 있는지에 관한 매우 중요한 문제이지만, 지금 여기서는 문제 제기만 할 수 있는 형편이다.

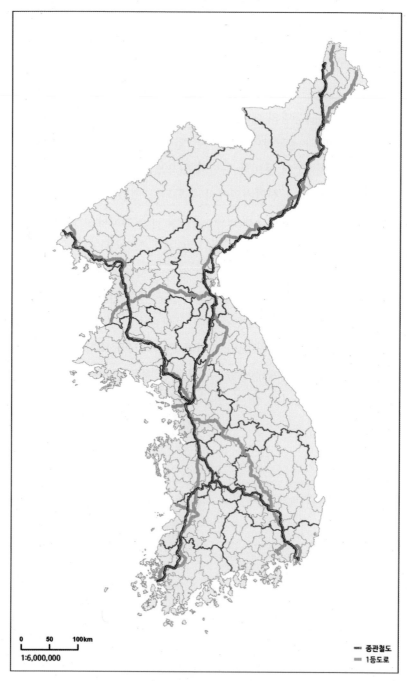

종관철도
1등도로

그림 39. 1등도로와 종관철도

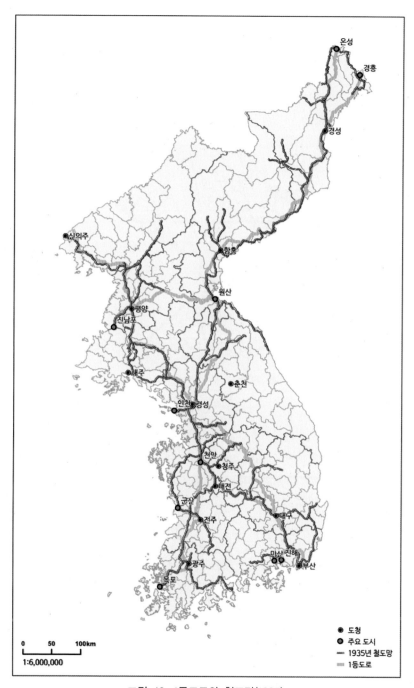

그림 40. 1등도로와 철도망(1935)

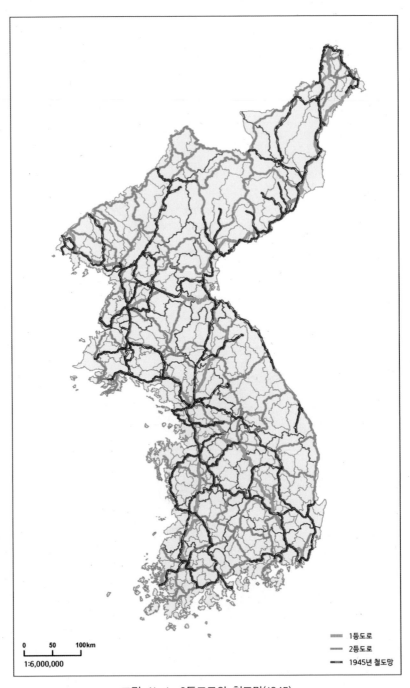

0   50   100km

1:6,000,000

그림 41. 1·2동도로와 철도망(1945)

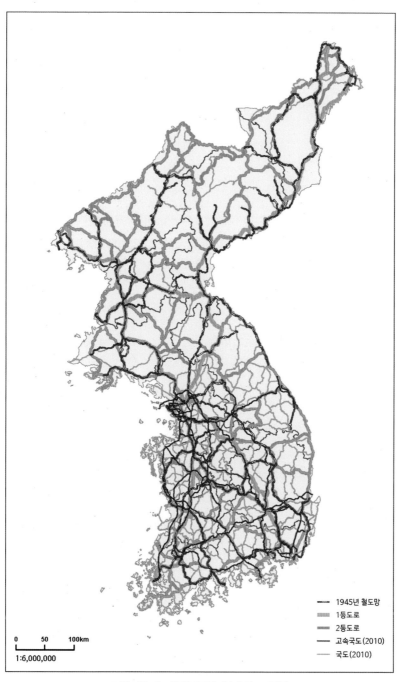

그림 42. 1·2등도로와 현재의 교통망

1945년 철도망
1등도로
2등도로
고속국도(2010)
국도(2010)

0   50   100km
1:6,000,000

4부
철도의 확산과 수운의 몰락

01

\

조선 후기 수운과 육운과의 관계

지금은 잘 인식되지 않지만 전통시대에 하천의 주요 기능 중의 하나는 하천 자체가 교통로였다는 것이다. 오늘날에도 그렇지만 해운과 내륙수운(=하운, 河運)은 육운에 비해 원거리·대량수송일수록 유리한 비교우위를 점하고 있다. 한국에서도 20세기 초까지 대하천에서 예외 없이 수운이 행해지고 있었다. 이 내륙수운은 조선 후기 상업의 발달로 인해 18세기경부터 크게 진작된 것으로 알려져 있다.

연안 지방의 수산물와 젓갈, 소금 등을 바다 배로 하구 부근까지 운반하면, 이들을 강배로 옮겨 실은 후 내륙의 오지까지 운반하는 것이 전통시대 수운의 요체였다. 이는 기본적으로 해안지방과 내륙지방, 그리고 하천 하류지역과 상류지역 간의 상품 교역이었지만, 그 이면에 있는 더 중요한 사실은 이러한 교류가 20세기 전반까지 한반도에서 핵심적으로 작동되어 왔던 지역 간 문화 교류이기도 했다는 것이다.

결국 원거리·대량수송은 해운과 하운이 맡고, 하천 연안의 포구에서부터 내륙 오지의 시장까지는 길마나 지게, 등짐이나 봇짐 등의 육운이 담당하면서 전국은 일체의 커다란 상품유통권을 형성하고 있었다. 한편 도로와

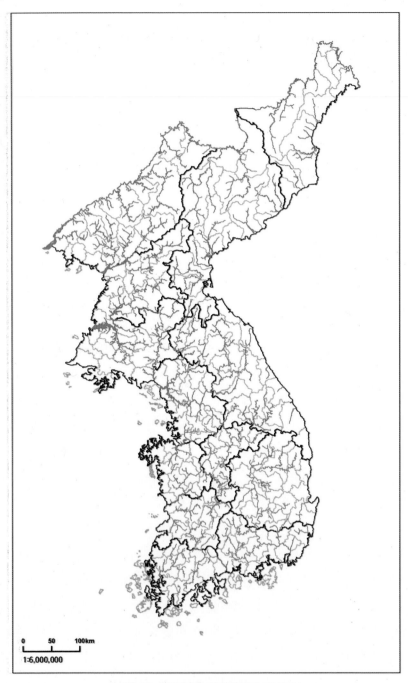

0   50   100km

1:6,000,000

그림 43. 1910년대 하계망(제공: 박선영)

일제시기 한국 철도망의 확산과 지역구조의 변동

수로 외 상품 유통을 매개한 다른 중요한 요소로 시장을 더 들 수 있다. 5일장으로 대표되는 정기시장은 실제 상품 유통이 발현되는 곳으로 조선후기 이래 1970년대까지 지속적으로 성장해 온 지방의 가장 중요한 상품유통기구였다.

그러나 20세기에 도입된 철도는, 수송량에 한계가 분명하고 속도도 느린 내륙수운을 충분히 압도할 정도의 능력을 갖고 있었다. 내륙수운은 처음에 철도와 경쟁하는 듯했지만 철도망이 전국적 양상으로 확산되면서 이내 곧 제 기능을 상실하였다. 대체로 1930년대에는 철도가 내륙수운을 거의 대체한 것으로 이해된다. 실제 내륙수운은 1930년대부터 급속하게 쇠퇴 일로를 걷지만, 지역에 따라서는 1970년대 초까지 미미하나마 명맥을 유지하다가 이후 완전히 소멸하였다. 이러한 사실에 기반하면, 비록 상관성이 낮을지라도 철도망은 도로망뿐 아니라 수로망과의 관계 역시 살피지 않을 수 없다.

가항수로(可航水路)와 포구(또는 河港)는 내륙수운망도의 기본 구성 요소가 된다. 일제시기의 내륙수운망을 재구성하기 위해 우선 1929년에 발간된 『조선하천조사서』(朝鮮河川調査書)에 근거하여 전국의 내륙 포구를 DB로 구축하였다. 이후 위치 비정 작업을 거쳐 각 포구의 위치를 디지타이징함으로써 가항수로(可航水路)를 범주화하였다. 한편 하계망은 기존에 제작된 공간데이터를 제공받았는데(그림 43), 1910년대 1:50,000 지형도에 기반하여 제작한 것이기 때문에 당시의 수로망이 매우 상세하고 정확하게 반영되어 있다.

이 장에서 기술하는 수운과 포구 관련 내용은 『조선하천조사서』에 의거할 뿐이다. 현장에 가서 현지 주민들과 인터뷰를 해보면, 문헌과 다른 점도 많다. 무엇이 더 정확한지를 차치하고, 무엇보다 중요한 사실은 20세기 초반에 실재했던 포구는 문헌에 기록된 것보다 훨씬 많았다는 것이다.

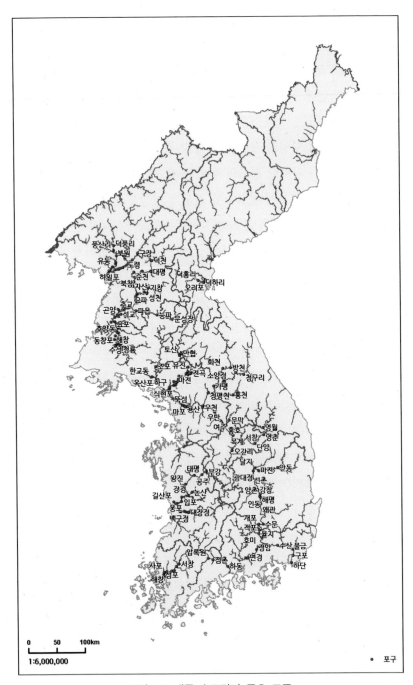

풍산리 덕풍리
본원
군장
유둔
덕천
도령
대평
덕흥리
하일포
순천
덕하리
북창자산기창
오리포
죽교
요파 성천
곤양
섬교 파읍
등포 문성창
송양포 오포
동창포 해창
수성청룡
토산
안협
노호 유진
화천
방천
한교동
전곡 소양정
청구리
옥산포하구
마전
가평
식현포
독섬
정평천 홍천
마포
용산 우천
우만
문막
여주 흥호
영월
목계 서창
영춘
오잔리 단양
달지
태평
부강
마전 안동
왕진
광대정 선초
공주
강경
논산
양촌 강창
길산포
안동 해평
입포
홍포 대장정
개포 왜관
백구정
적포 수문
읍지
호미
압록원
정암 수산 물금
사포
서창
점촌 하동
면경
구포
해창 섭포
하단

0   50   100km
1:6,000,000

• 포구

그림 44. 내륙 수로망과 주요 포구
출처 : 『조선하천조사서』(조선총독부, 1929).

일제시기 한국 철도망의 확산과 지역구조의 변동

02

20세기 초 주요 하천별 수운 현황

1) 한강

한강은 본류 외에 달천, 섬강, 북한강, 소양강, 홍천강 등의 지류에서도 수운이 활발하였다. 조선시대로부터 전국 최대의 유통 거점인 경성을 품고 있었기 때문에 한강은 가장 중요한 내륙수로였다. 전반적으로 50~100석 규모의 선박이 주를 이루었으나 조수의 영향을 받는 감조구간(感潮區間) 내의 용산까지는 3,000톤급 선박도 올라올 수 있었다. 소강화물(溯江貨物)로는 소금과 젓갈이 중요했고, 잡화, 시멘트, 석유, 설탕 등의 수입품도 있었다. 하강화물(下江貨物)은 주로 곡물과 목재이다. 본류에 양화진·마포·용산·한강리·뚝섬, 남한강에 이포, 여주, 목계, 충주, 단양, 영춘, 영월, 섬강에 문막, 북한강에 가평, 춘천, 화천, 홍천 등이 한강의 주요 포구였다.

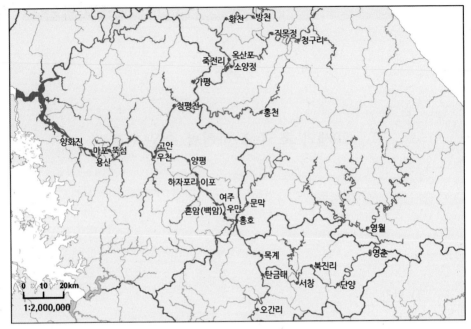

그림 45. 한강의 가항수로(可航水路)와 주요 포구

2) 낙동강

낙동강은 본류와 남강에서 수운이 행해졌고, 감조구간 내 삼랑진까지는
바다 배가 드나들었다. 선박의 하적량은 50섬에서 200섬 정도였는데, 남강
합류점까지는 200섬, 이후 왜관까지는 100섬, 그 상류는 60섬 규모의 선박
이 운행하였다. 하류에서는 하단, 구포, 물금, 삼랑진 등이 주요 포구로 중
요했고, 수산, 남지, 적포, 개포, 왜관, 인동, 낙동, 안동 등의 포구가 상류지
역까지 펼쳐져 있다. 낙동강에서 선박이 올라갈 수 있는 한계인 소강종점
(遡江終點)은 안동이다.

낙동강에서 거래되었던 주요 품목으로 소금, 잡화, 석탄, 석유 등이 상류

로 올라갔고, 하강화물로는 곡물이 대부분이었다. 달지 포구의 상류는 평상 시 운항이 곤란하였는데, 여기에서는 특이하게 쌀, 소금, 석유 등이 이출(移出)하였고, 담배, 명태, 술과 같은 기호품이 이입되었다. 남강에서는 거룡강(합수점), 호미, 정암, 마전, 면경, 남강진 등의 포구가 있었다. 정암까지 100석 규모의 선박이 통행하였으며, 소강화물로는 잡화와 소금이, 하강화물로는 곡물이 중요했다.

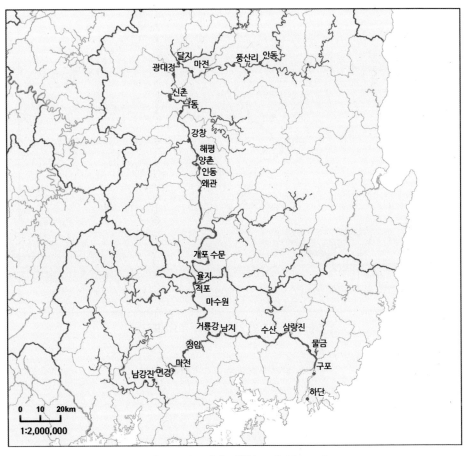

그림 46. 낙동강의 가항수로와 주요 포구

3) 금강

금강의 소강종점은 부강이다. 주요 포구로는 웅포, 입포, 강경, 규암리, 공주, 논산 등이 있다. 강경까지는 400섬 규모의 선박이 운행할 수 있었으며, 군산에는 2,000톤급 선박까지 입항할 수 있었다. 군산항의 주요 출항 품목은 쌀과 소가죽이었고, 입항 품목으로는 잡화류가 중요했다.

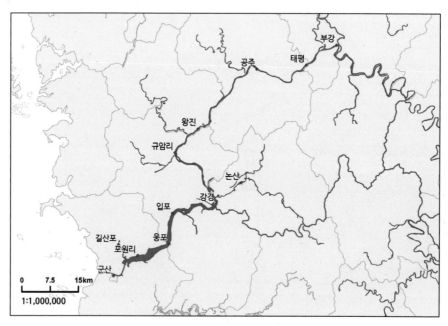

그림 47. 금강의 가항수로와 주요 포구

4) 영산강

영산강에는 무탄진, 섬포, 해창, 사포, 제민창, 영산포, 노점포, 봉호리, 서창 등의 포구가 있었다. 노점포까지 42.3km 구간이 감조구간으로 200섬 선박의 운항이 가능했다. 소강화물로는 소금이 가장 중요했고, 약간의 잡화가 있었다. 하강화물로는 쌀과 곡물이 대부분이었다. 목포는 하구에서 28km 떨어져 있다.

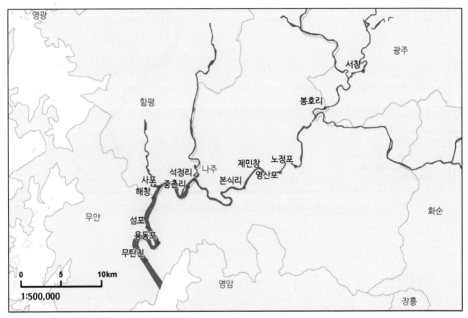

그림 48. 영산강의 가항수로와 주요 포구

5) 섬진강

섬진강에는 하동, 개치, 화개장, 송정리, 점촌, 압록원 등의 포구가 있었으며, 하동까지는 400섬 규모의 선박이 운행할 수 있었다. 그 밖의 구간에서는 50섬 규모의 작은 선박이 운행하였다. 소강화물 중에는 소금을 위시하여 석유, 잡화, 건어, 어류 등이 올라갔으며, 하강화물로는 쌀, 담배, 땔감, 목재, 면 등이 중요했다.

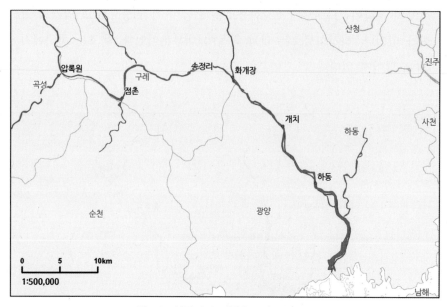

그림 49. 섬진강의 가항수로와 주요 포구

6) 대동강

　20세기 초 대동강은 북부지방에서 가장 중요한 내륙수로였다. 대동강 본류에는 하구 부근의 진남포에서 소강종점인 덕천까지 모두 20개의 포구가 있었다. 진남포, 겸이포, 요포, 보산포 등 감조구간에서는 3,000~5,000톤급 선박이 운항하였고, 평양에도 50톤급 선박의 운항이 가능했다. 대동강으로는 하구 부근에서 재령강이 합류한다. 주변 지대가 낮고 하폭이 넓으며 수심도 깊기 때문에 대규모 선박 운항이 가능했다. 대동강의 지류 중에는 비류강과 남강의 규모가 좀 크고 나머지 보통강, 순화강, 곤양강, 봉상천, 인양천, 매상천, 황주천 등에는 포구가 1~2개 정도에 불과하였다.

　진남포의 이출화물로는 석탄, 곡식, 시멘트, 설탕, 사광 등이, 이입화물로

는 비료, 설탕, 밀가루, 소금 등이 중요했다. 한편 평양에서는 석탄과 소금
이 주요 이출화물이었는데, 소금은 서해안에서 생산되거나 중국에서 수입
된 것이 상류지역으로 올라가는 것이었다. 대동강의 소강종점인 덕천까지
의 거리는 261km에 달했다.

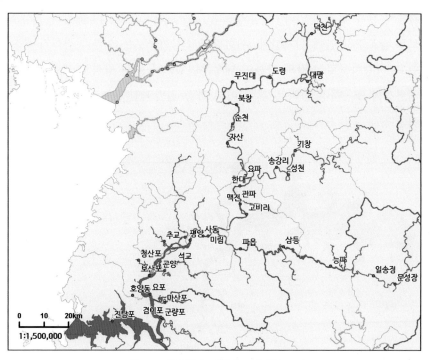

그림 50. 대동강의 가항수로와 주요 포구

7) 재령강

재령강 하구에 위치한 사근포는 3,000톤급 선박까지 들어올 수 있었다.
본류에서는 석해, 진초, 수성, 해창을 거쳐 청룡포까지가 가항수로이고, 이

중 하폭과 수심이 확보되는 하류지역에서는 200석에서 500석까지 비교적 큰 선박이 운행하였다. 청룡포까지가 모두 감조구간으로 하구로부터 거리는 40.7km이다.

재령강의 지류인 서강에서는 외서진으로부터 석포, 무상리, 신환포, 작도리, 삼가포 등의 포구를 기반으로 비록 21km의 길지 않은 거리지만 수운활동이 본류 못지 않았다. 서강의 모든 포구, 그리고 직천의 해창과 동창포 모두 감조구간 안에 위치한다. 재령강의 소강화물로는 소금과 잡화가 중요했고, 하강화물로는 쌀과 곡물이 대부분이었으나 일부 광석도 포함되었다. 재령강의 소·하강 품목은 개항 이후 가장 일반적인 교역 품목 양상을 보여준다.

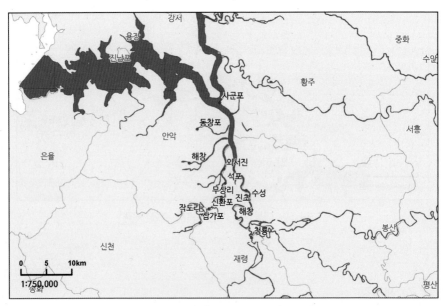

그림 51. 재령강의 가항수로와 주요 포구

8) 임진강·예성강

임진강의 가항수로는 안협에 이르기까지 123.1km 달한다. 이 가운데 감조구간은 고랑포까지 44.3km이고, 이후 무감조구간이 78.8km이다. 임진강에서 가장 중요한 두 포구는 본류에 있는 고랑포와 문산천 하구의 문산포이다. 본류에는 낙하리, 임진리, 두포리, 장파리 마전, 도감포, 유진, 토산, 안협 등지에 포구가 있었는데 고랑포까지는 200~400석 규모의 선박이 운행하였다.

하강물품은 대부분 곡물이었다. 특히 고랑포는 당시에도 콩의 집산지로 유명세를 떨쳤다. 소강물품 역시 여느 하천과 비슷하게 소금과 석유, 잡화 따위였다. 지류 중에는 한탄강과 문산천에서 수운이 가능했다. 한탄강에서는 도감포에서 전곡까지 60석 규모의 선박이, 밤의 집산지로 유명했던 문산포에서는 200석 규모의 선박이 운행하였다. 예성강은 창룡포에서 조포까

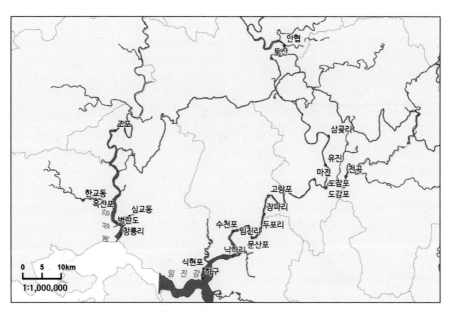

그림 52. 임진강과 예성강의 가항수로와 주요 포구

지 38.4km가 감조구간 안에 들기 때문에 100~200톤급 선박이 운행할 수 있었고, 지류인 한교천에서는 옥산포와 한교동이 중심 포구였다.

9) 청천강·대령강

청천강 수운은 노강진에서부터 동사리, 원일리, 용서리, 차장리, 북송리, 북원을 경유하여 구장까지 운행되었다. 대령강은 청천강의 가장 큰 지류로 합류점인 하일포에서 유동, 박천, 수유리, 풍산리를 거쳐 덕풍리까지 가항수로 길이가 69.2km(감조구간 25.6km, 무감조구간 43.6km)에 달한다. 박천신진까지가 감조구간으로 적재량 200섬 규모의 선박이 운항하였고, 그 상류로는 30~50섬짜리 작은 선박이 다녔다. 가장 중요한 소강 상품은 소금이었고, 하강 상품으로는 목재가 중요했다. 이밖에 수운이 행해진 청천강의 지

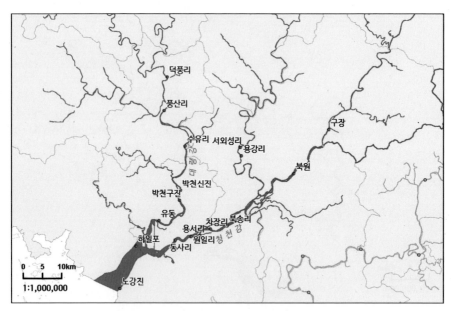

그림 53. 청천강과 대령강의 가항수로와 주요 포구

류로 구룡강이 있는데, 용강리와 서외성리에 포구가 있었다. 구룡강에서는 30섬~200섬 규모의 선박이 운항하였다. 유역권 내에서는 소금, 석유, 잡화, 목재 등이 중요한 거래 품목이었다.

이밖에 남한에서는 만경강, 북한에서는 용흥강과 덕지강에서 비교적 활발한 수운활동이 있었다. 만경강에는 동지산, 목천포, 백구정, 대장정 등의 포구가 있었고 30톤 규모의 선박이 운행되었다. 일제시기에 만경강 수운의 핵심은 쌀을 이출하는 것이었으며, 소강상품으로는 소금과 젓갈이 중요했다. 소강종점인 대장정은 하구로부터 37.0km 지점에 위치한다. 한편 함경남도 영흥군과 고원군을 흘러 영흥만으로 빠지는 용흥강과 덕지강에는 오리포, 진흥장, 덕하리, 덕흥리 등의 포구가 있었다. 하구 부근 저지대에서 두 하천은 망류(網流)하여 수로가 혼재된다. 동해로 유입하는 용흥강과 덕지강의 가항수로 길이는 각기 12.0km와 8.5km에 불과하다.

03

수륙교통로와 장시망의 분포

　1914년 일제는 「시장규칙」(市場規則)을 제정한다. 이때 조선의 시장을 크게 셋으로 나누어, 상설 또는 정기시장을 제1호시장으로, 20명 이상이 동일 건물 내에서 곡물이나 식료품을 판매하는 공설시장을 제2호시장으로, 위탁·경매 등의 방법으로 어물이나 채소를 거래하는 시장을 제3호시장이라 하였다. 전통적으로 존재해왔던 5일장이나 10일장, 그리고 일부 도시 내에 설치된 상설시장을, 즉 기존의 시장을 1호시장으로 묶고 근대적 시장을 2호와 3호로 나눈 셈이다. 따라서 2·3호시장은 대부분 경성, 평양, 동래 등 부(府)에 설치되었고 지방에서는 여전히 5일장(1호시장)이 대표적인 상업시설로서의 기능을 유지하였다. 5일장으로 대표되는 정기시장 수는 일제시기는 물론 해방 후에도 계속 증가하다가 1970년대 후반부터 서서히 감소하기 시작하였다.

　시장은 생성과 소멸, 이전과 부활, 병합과 분리 등의 변동 양상을 보이면서 일종의 유기체적 성격을 띠는데, 이러한 변동과 불가분의 관계를 맺고 있는 것이 교통로이다. 따라서 교통망 분석은 시장망과 함께 진행될 필요가 있다고 판단, 일제시기 전국의 시장망을 DB로 구축하고, 위치 비정 과정을 거친 후 디지타이징함으로써 지도화하였다. DB로 구축한 장시망의 분포 시점은 아직 철도망 건설이 미미했던 1909년과 1910년대, 그리고 철도망 분포가 어느 정도 전국적이라고 할만한 1926년 및 1938년이다.

해당 시점의 자료원으로는 『한국각부군시장상황조사서(韓國各府郡市場狀況調査書)』(탁지부, 1909), 『조선지지자료(朝鮮地志資料)』(조선총독부, 1911), 『조선의 시장경제(朝鮮の市場經濟)』(조선총독부, 1929), 『조선의 시장(朝鮮の市場)』(文定昌, 1941)을 이용하였다. 이 안에 수록된 전체 장시 개수는 약 4,300여 개이다. 각 장시에 대한 시간값과 공간값(개시 장소), 그리고 거래액이나 주요 거래 품목 등을 속성정보로 입력하였고, 이 가운데 철도망이 일정 수준에 오른 1926년(1,352개)과 1938년(1,457개)의 개시 현황을 지도화하였다.

전근대는 물론 근대 이행기의 정기시장 문제는 수로와 포구, 도로와 철로 등의 교통망과의 관계 속에서 분석해야할 과제이지만, 이 역시 또 다른 큰 주제이므로 이번 연구에서는 자세히 다루지 못한다. 다만 이 관계는, 즉 장시망과 교통망과의 관계는 지리적이고 공간적인 측면을 다분히 포함하고 있기 때문에 이를 단순히 사회경제적인 또는 정치경제적인 관점에서만 풀어내는 것은 한계가 자명하다. 지리적인 접근은 특히 GIS 프로그램의 분석툴을 여하히 이용하는가도 중요한 사안이 될 것이다.

결국 한국 상업사의 측면에서 조선 후기 이래 20세기 중반까지 전국 최대의 유통기구조직인 장시망(5일장)을 지리적이고 공간적인 측면에서도 접근하기 위해 상업 기능을 수행하는 포구(하항)와 가항수로, 도로망과 철로망을 복원하는 것은 필수적인 과제가 된다. 또한 각기 구축된 데이터베이스에 기반하여 GIS 프로그램으로 시공간정보화하는 것은 단순히 과거의 경관을 복원하는 것을 넘어 향후 한국 경제사의 큰 틀 안에서 한국 상업사 또는 시장사의 본격적인 연구를 위한 기초 작업에 해당한다. 이 책에서는 1938년 충청북도의 시장망에 국한하여 교통망의 관계를 시론적 수준에서 분석해보고자 한다.

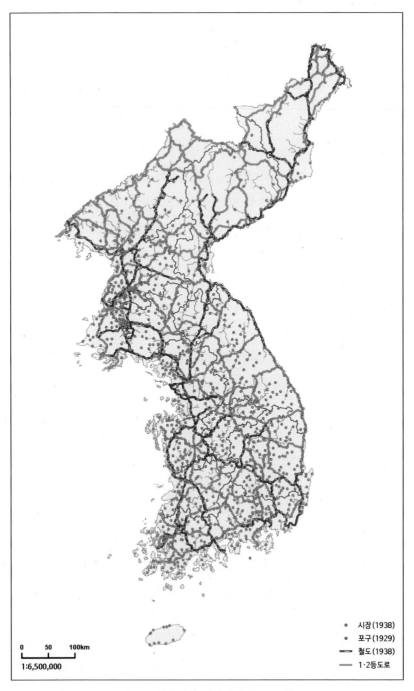

●	시장(1938)
●	포구(1929)
━━	철도(1938)
──	1·2등도로

0   50   100km
1:6,500,000

그림 54. 일제시기 시장망과 주요 교통로

일제시기 한국 철도망의 확산과 지역구조의 변동

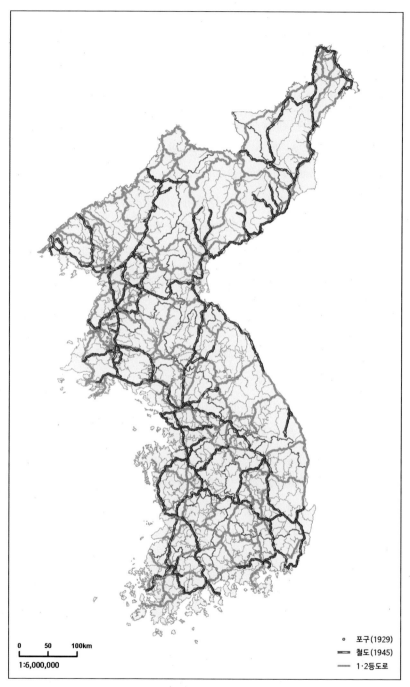

	포구 (1929)
	철도 (1945)
	1·2등도로

그림 55. 일제시기 수륙교통망과 주요 포구

1938년에 충북에는 모두 62기(基)의 5일장이 개설되고 있었다. 이 가운데 충주가 9기로 가장 많고 이어서 청주·음성·괴산·영동에 7기, 단양과 보은에 6기, 진천·옥천에 3기 그리고 대전에 1기 있었다(그림 56-①, ②). 진천과 옥천을 제외하면 장시 수에서는 지역 간 별 차이가 없다. 수운망과의 관계 속에서 포구는 충주, 제천, 단양, 괴산에 나타나는데, 단순하게 얘기하면 수운권 안에 장시도 많다는 것을 알 수 있다(그림 56-③).

충북은 충북선과 경부선 철도가 경유하는데 충북선은 청주와 괴산, 충주를, 경부선은 옥천과 영동을 경유한다. 우선 장시 수만으로 철도망과의 관계를 살펴보면, 역시 충북선은 경유하는 지역에 장시가 많지만 경부선은 그 상관관계가 충북선보다는 못하다(그림 56-④). 철도가 경유하는 지역에서는 그 연선에 시장이 연이어 개시하고 있음을 알 수 있고, 더구나 이는 도로망과의 관계에서도 비슷한 양상이 나타난다. 1등도로가 경유하는 음성과 충주, 그리고 2등도로가 경유하는 곳에서도 도로 연선에는 시장이 거의 등간격으로 입지해 있다(그림 56-⑤). 세 교통로를 종합하면 충주는 충북선의 종착점이며 1등도로가 경유하는 충북 최대의 교통 결절지이다. 수운의 역할이 더 중했던 전통시대에도 충주는 한강 유역에서 서울 다음으로 큰 상업 요지였다(그림 56-⑥).

교통망과 시장망과의 관계는 동시에 고려할 요소가 더 있다. 무엇보다 각 지역의 인구 규모가 중요할 것이고, 최소한 이에 대한 접근도 면 단위로 이루어져야할 듯하다. 이밖에도 수로·철도·도로 연선으로부터의 이격 거리, 행정 기관의 소재 여부 등도 주요 요소가 될 것이다. 특히 GIS 기법을 이용하여 좀 더 공간통계적인 분석을 시도할 필요가 있다.

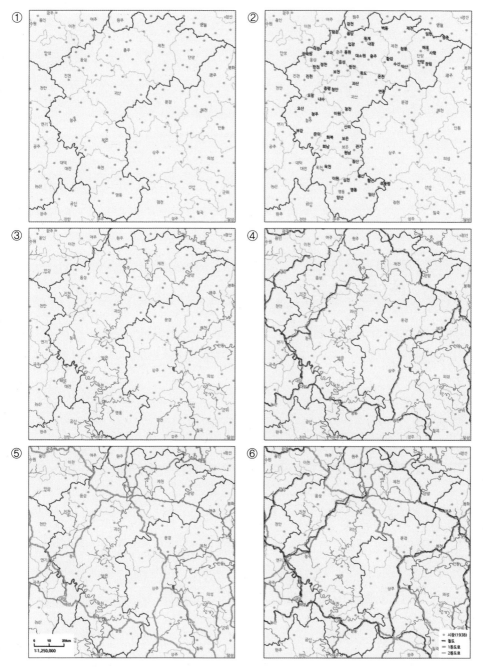

그림 56. 1930년대 충청북도의 시장망과 교통망

주 : 같은 지역에 대해 장시 심볼만 표출한 것(좌상)에서부터 차례로 장시명(우상), 수로망, 철도망, 1·2등도로망을 추가하여
표현한 지도이다.

5부
철심으로 한반도에 뼈대를 세우다

01

일제시기 철도망 부설 개요

경인선 철도 부설을 계기로 일본은 조선의 철도부설권을 장악해나가기 시작하였다. 일본의 다음 관심 노선은 당연히 경부선이었다. 1901년 6월 일본은 경부철도주식회사를 설립하고 같은 8월 21일 서울의 영등포와 부산의 초량에서 각각 착공식을 거행하였다. 1904년에는 중간 지점에 해당하는 부강-영동 구간 공사를 마지막으로 마무리하고, 이듬해 1905년 전 구간 개통하였다. 이어서 1906년에는 경의선이 개통되었고, 1911년에는 압록강 철교가 완공됨으로써 한국의 철도는 아시아 및 유럽과도 이어지는 국제철도의 일부로 편입되었다.

동남 방면의 경부선과 서북 방면의 경의선이 종관 철도로 개통되자 다음 단계는 자연스럽게 상대축이 되는 호남선과 경원-함경선의 건설로 이어졌다. 호남선(대전-목포, 260.4km)과 경원선(경성-원산, 226.9km)은 경의선이 완공된 1911년에 공사를 시작하여 1914년에 개통되었다. 원산역과 청진역을 잇는 함경선은 경원선이 완공된 1914년에 착공하여, 이듬해에 처음으로 원산-운천 구간을 개통하였고, 1928년에 반송-군선 구간을 완공함으로써 전 구간이 개통되었다. 함경선은 함경도의 여러 항구 도시를 연결함으로써 기존 해로 중심의 교류를 육로 중심으로 전이시켰다는 점에서 좀 더 각별한 의미가 있다.

이로써 1905년 경부선 개통과 함께 시작된 남북 방향의 종관 철도는 1928년에 틀을 완전히 잡았다. 즉 부산-대전-경성-신의주로 이어지는 서북-동남축과 목포-대전-경성-원산-청진으로 이어지는 서남-동북 축으로 한반도 철도의 뼈대가 세워진 것이다. 호남선과 경원선이 개통된 1914년과 함경선이 개통된 1928년 사이 14년 동안에는 1922년에 경전선의 일부인 송정-순천 간, 1923년에 삼랑진-진주 구간이 완공되기도 하였다.

1930년대에 부설된 철도는 대체로 위에서 언급한 종관 철도의 지선으로 범주화할 수 있다. 1931년에 전 구간 완공된 충남선(장항선, 천안-장항), 수려선(수원-여주), 경북선(김천-점촌 간) 등이 모두 경부선의 지선 격이다. 이어서 동해남부선(1935, 부산-경주-포항), 전라선(1936, 이리-여수), 수인선(1937, 수원-인천), 동해북부선(1937, 안변-양양), 혜산선(1937, 길주-백암-혜산), 만포선(1939, 순천-만포), 경춘선(1939, 서울-춘천), 평북선(1939, 정주-수풍) 등이 차례로 개통되었다. 1930년대 10년은 한국 철도사에서 다른 어떤 때보다 철도 건설이 왕성한 시대였다.

1940년대에는 철암선(1940, 도계-묵호), 중앙선(1942, 청량리-경주), 백무선(1944, 백암-무산) 등이 부설되었으나, 전쟁의 부담이 점차 가중되면서 철도 건설은 1930년대에 비하면 미미한 수준이었다. 1940년대는 노선의 증설보다는 복선화의 시대에 돌입했다는 데에 의미를 둘 수 있다. 경부선이 1936년 경성-영등포 구간을 시작으로 1945년에 전 구간이, 1943년에는 평양-신의주 구간 복선화가 완료되었다. 경부선과 경의선이 일본과 대륙을 잇는 핫라인이기도 하지만 한반도 내의 철도망이 이미 일정 부분 포화상태를 이룬 것으로도 이해된다. 해방 당시 철도의 총 연장은 6,362km에 달했고, 합병 이후 1945년까지는 매년 평균 165km의 철도가 건설되었다.

해방 후에도 철도는 계속 증설되었다. 남한에서는 태백산지역의 석탄개발을 위한 산업철도의 부설이 괄목할 만하다. 1955년에 영주-철암(태백시 철암동) 간 영동선 일부 구간이 개통되자 서울까지의 석탄 수송은 기존의 묵호-인천 간 해상 루트 대신 철도가 담당하게 되었고, 1956년에는 제천-영월 간 태백선도 일부 개통되었다. 영동선(영주-강릉)은 1963년에 지형이 매우 험준한 통리-심포 구간 8.5km를 완공함으로써 하나로 통합되었다. 이로 인해 1940년 도계-묵호 간 철도가 부설된 이후 23년만에 영동지방과 중부지방이 철도로 연결되기에 이르렀다.

태백선(제천역-백산역〈태백〉)은 1966년에 이르러 영월에서 고한까지 연장된 다음 1977년에는 고한-황지 간 15km 구간이 완공됨으로써 전 구간이 개통되었다. 정선선(증산-정선-구절)은 1967년에 증산-정선 구간이 개통된 다음 1974년 구절까지 연장되었다. 1955년 개통된 문경선(점촌-가은)도 석탄개발을 위해 부설된 산업철도였다.

경부선과 중앙선을 횡적으로 연결시켜 주는 철도로는 충북선과 경북선이 있다. 이들 철도는 일제시대에 부설되기 시작하여 해방 후에 완성되었다. 충북선(조치원-충주-봉양)은 1958년에 충주-봉양 구간이 개통됨으로써 완성되었고, 경북선(김천-점촌-영주)은 1966년에 점촌-영주 구간이 완공됨으로써 영동선과 연결되었다. 1968년에는 광양-진주 구간이 부설되어 호남과 영남을 연결하는 경정선이 하나로 통합되었다.

남한에서 새로운 철도망의 건설은 1970년대 전반까지였다. 해방 당시 2,642km였던 영업노선연장은 1971년 3,199km로 최고조에 이르렀지만, 자동차 교통의 발달로 인해 1970년대부터는 영업이 정지되는 노선이 점점 늘어났고 철로가 뜯겨나가기도 하였다. 1972년에는 수려선이 폐쇄되었고, 1980년에는 진삼선(1965, 개양-삼천포)이, 그리고 1989년에는 안성선(천안-안성)이 영업을 중지하였다. 수인선은 폐업과 재개통을 반복하다가 1996년 1월 1일자로 운행이 중지되었고 선로가 철거되기까지 하였다. 그러나 2012년 6월 30일 다시 송도-오이도 구간이 전철로 재개통하였고, 2016년 2월에는 영업 구간이 송도역에서 서쪽으로 인천역까지 연장되었다. 수인 전철은 옛 수인선과 노선이 완전히 같지는 않지만 대체로 이전의 경로를 계승하였다.

1899년 시작된 한국 철도사는 1928년 함경선 완공으로 철도망의 기본 골격을 갖추었고, 철도 건설의 측면에서 1930년대에 최고의 전성기를 보냈으며, 이후 성장세는 감소하였으나 1970년대까지 철도망은 계속 확대되었다. 1970년대 이후부터는 영업 정지와 궤도 철거 사례도 발생하기 시작하였고, 1980년대부터 철도 건설은 국철의 전철화와 대도시 전철(지하철) 건설이 대세를 이루었다. 2000년대에 한국도 고속철도 시대에 진입하였고, 고속철을 제외하고 현재 건설 중에 있는 것으로는 포항—삼척 간 철도가 유일하다. 이는 일제시기에도 기획했다가 착공하지 못한 노선으로 2008년 시작하여 2018년 완공을 목표로 현재 공사 중이다.

다음 절에는 최초의 철도인 경인선을 포함하여 네 개의 종관철도를, 이어서 6부에서는 세세한 철도선을 기술하고 노선별로 지도도 만들어 수록하였다. 그런데 각 노선은 전국에서 동시다발적으로 건설되었기 때문에 시기별 철도망의 확산 과정은 잘 드러나지 않는다. 이에 1899년부터 1945년까지의 철도망 건설 현황을 연도별로 지도화하여 〈별첨〉으로 수록하였다.

02

\

경인철도의 부설 : 한국 교통사에 철도가 시작되다

1897년 3월 22일 오전 9시, 미국인 기업가 모스의 주도로 우각현(현 경인 전철 도원역 부근, 인천시 동구 창영동)에서 경인철도 기공식이 거행되었다. 그러나 모스는 일본의 방해 공작과 기술력 부족 등으로 1898년 5월 10일 경인철도 부설권을 170만 2452원 75전(당시 1백만 달러)에 일본의 '경인철 도합자회사'에 양도한다. 그로부터 1년 4개월이 지난 1899년 9월 18일 제물 포－노량진 간 경인선 철도 33km가 개통되었다.

9월 18일 개통된 날의 제물포역은 현재의 제물포역(인천 남구 도화1동) 이 아닌 그 서쪽으로 약 1km 떨어진 도원역 부근이며, 노량진역 또한 현재 의 노량진역이 아니라 지금의 영등포역이다. 노량진역은 이듬해 현재의 위 치로 옮겨가고 원 노량진역이 영등포역으로 이름을 바꾼 듯하다. 노량진역 은 한강철교가 완공되고, 1900년 7월 8일 경인선이 완전개통이 될 때 현재 의 위치로 이전한 것이다.

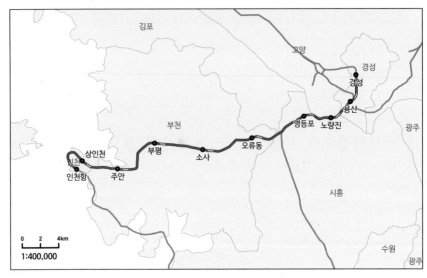
그림 57. 경인선

한강철교는 경인철도 기공식이 있던 날 1주일 후인 1897년 3월 29일 착
공한다. 애초에 설정된 경인선의 종점은 당연히 한강 이북의 경성이었음
알 수 있다. 한강철교는 3년 이상의 공사 끝에 1900년 7월 5일 완공되었고,
3일 후인 8일부터 경인선 종점이 노량진역에서 경성역(京城驛)으로 연장되
었다. 경성역은 1905년에 이름을 서대문역으로 바꾸고 경성의 관문 역할을
수행했으나, 당시 남대문역(1900년 영업 개시, 1923년 경성역으로, 1947년
서울역으로 개명)의 기능이 점차 확대되면서 1919년에 폐역되었다. 경성역
은 현재 유관순 기념관(서울 중구 순화동) 일대에 있었다. 도원역 부근(도
원역 1번출구 동남쪽 도로변 180m)에는 한국 최초의 철도공사 착공을 기념
하는 '한국철도 최초 기공지' 기념비(1999.9.8)가 세워졌는데, 비 후면에 '정
확한 기공장소는 이곳으로부터 동쪽으로 400미터 지점'이라 새겨져 있다.
한편 노량진역 부근(한강철교 쪽으로 300여 미터 떨어진 선로변)에도 '철도
시발지' 기념비(1975.9.18)가 있다.

그림 58. 경인선 개통식(1899년)

그림 59. 경인철도 기공식 기념비

현재 경인선은 구로역에서 인천역까지이고, 구로역부터 영등포역을 포함하여 서울역까지의 선로는 경부선으로 분류된다. 경인철도 개통과 함께 농상공부에서는 부령으로 「경인간철도규칙」(1899.9.18)을 발령하였는데 그 내용은 아래와 같다.

제1조 철도에 운전하는 화륜거를 타는 자는 어떤 사람이든지 먼저 표값을 내고 차표를 사서 차를 타고, 차에서 내린 후에는 차표를 차주에게 내어라.

제2조 어떤 사람이든지 표값을 내지 않고 차를 타거나 자기가 가진 등급보다 고등급 차에 타고 가는 자는 그 차표에 정한 외에 찻값을 리수 원근과 등급의 어떠한 것을 물론하고 한사람에 5전씩 받는다.

제3조 돌림병을 앓은 사람은 승차를 거절한다.

제4조 미치거나 난잡한 자는 승차를 거절한다.

제5조 어떤 사람이든지 정거장과 철도소 안에 있는 각종 표지와 기계, 짐, 목침목, 담을 파손하는 자는 회사에게 적당한 배상을 해야한다.

제6조 차타는 사람의 손에 든 물건은 따로 운임을 받지 아니하며 차안에서 물건이 상하거나 차표를 잃어버리더라도 회사에서는 책임을 지지 않는다.

제7조 귀중품이나 금, 은, 그릇, 각종 표문건, 어음, 지전, 구슬, 금덩이, 모피, 상등의복, 단필, 서화 등 귀한 물건은 운송하는 비용이나 보험료를 내지 않으면 회사에서는 그 손해에 대하여 책임이 없다.

제8조 소와 말과 산짐승을 수송하는데 보험료를 내지 않으면 그 손해에 대해서 회사는 책임이 없고 만일 보험료를 낸 자라도 배상하는 돈은 말은 한 마리에 10원 안이요. 소는 한 마리에 20원 안이요. 다른 동물은 한 마리에 3원 안으로 정한다.

제9조 위험한 물건이라는 것은 화약, 폭발물, 동물과 생석회이며 석유, 초, 성냥 등 불이 나면 다른 물건을 해치는 물건은 위험물로 취급한다.

제10조 잃어버리거나 상한 물건에 대한 손해배상은 회사가 재물을 거둔

후에 혹 관리하는 동안에 회사에서 게을리 하였을 때는 배상하나 재물주인이 소홀히 하였을 때는 회사에서 책임이 없다.

제11조 물건을 철도에 부칠 때 운임을 내며 특별히 후에 내기로 약조한 정거장에 당도하여 운임을 받고 물건과 교환한다.

제12조 철도소 안에 두는 물건과 차에 실은 물건의 잃은 것과 상한 것은 물건 주인의 책임이요, 철도는 화물을 차에 실은 후 내리기까지만 보호한다.

제13조 차안에 틈이 없고 차가 부족한 때에는 차객과 화물을 거절한다.

제14조 회사에서 정하는 근은 영국근이니 곧 방이라 하고, 자는 영국 척이니 12촌이요, 리는 영리이니 백윤(百輪)을 일쇄(一鎖)라 하고 80쇄를 리라하며 톤은 영국근수로 2천2백40근이요, 용적은 1백립 영척으로 한다.

제15조 차객과 화물의 임자는 이상의 조목을 굳게 지키되 만일 이 규칙을 준행치 않는 자는 차타며 화물운송허가를 얻지 못한다.

1936년 당시 경인선 노선은 경성─용산(3.2km)─노량진(5.9km)─영등포(9.2km)─오류동(15.6km)─소사(21.4km)─부평(26.7km)─주안(32.3km)─상인천(37.0km)─인천역(38.9km)으로 이어졌으며, 경성역(현 서울역)에서 첫차가 6:50, 막차가 23:25에 출발하여 각기 1시간 후인 7:50 및 00:25에 인천역에 도착하였다. 상·하행 모두 전 열차 2, 3등칸으로 편성되었으며 하루에 15회 운행하였다. 인천발 상행선 첫차는 6:00이고 막차는 23:05이며 각기 도착 시각은 6:55과 0:00으로 상행선은 55분이 소요되었다.

03

경부선(京釜線)

  경인선을 부설한 일본은 대한제국의 철도망을 장악하기 위하여 한반도의 2대 간선축인 부산-경성 간, 그리고 경성-신의주 간 철도 부설권 획득에 온 힘을 기울였다. 1901년 6월에 설립된 경부철도주식회사는 8월 21일에 서울 영등포와 부산 초량에서 각각 착공식을 거행하고, 1904년 12월 27

일에 완공, 며칠 뒤 1905년 1월 1일에 초량역-경성역 구간 영업을 개시하였다. 공사 기간이 3년 4개월밖에 걸리지 않은 것은 1904년 러일전쟁 발발과 함께 군수물자 수송 등의 이유로 공사를 재촉했기 때문이기도 하다.

그림 60. 경부선 개통식

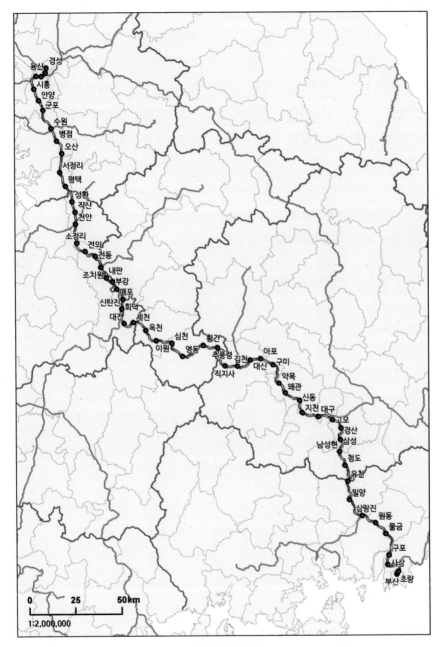

경성
용산
시흥
안양
군포
수원
병점
오산
서정리
평택
성환
직산
천안
소정리
전의
신동
조치원
내판
부강
매포
신탄진
회덕
대전
세천
옥천
이원
심천
영동
황간
추풍령
김천
직지사
아포
구미
대신
약목
왜관
신동
지천
대구
고모
경산
삼성
남성현
청도
유천
밀양
삼랑진
원동
물금
구포
사상
부산 초량

0   25   50km

1:2,000,000

그림 61. 경부선

1908년에 경부선과 경의선은 직결 운행이 이뤄져 부산에서 신의주까지 직통 급행열차 융희호가 운행되기 시작하였고, 합병 이후에는 일본과 만주를 잇는 경부-경의선의 중요성이 더욱 부각되면서 남만주철도 노선과도 연결되었다. 이로써 한반도에도 국제열차가 운행되기 시작하였지만, 1945년 해방 직후 두 군정(軍政) 하에서 남북 철도 운행이 중단된 이후 현재까지 국내 국제철도는 없다. 일제시대에 경부철도와 관련된 주요 연혁은 다음과 같다.

1905.01.01	영업개시
1905.05.28	개통식(서대문)
1908.04.01	초량역-부산역 개통
1916.02	부강-대전 간, 약목-대구 간 개량
1916.11.01	김천-약목 간 개량(구미 경유로 이설) 동시에 금오산역 폐지
1918.06	부산진-부산 간 복선화
1919.06	영동-김천 간 개량
1919.12	대전-영동 간 개량
1923.05.15	대구-청도 간 개량
1936.04.01	경성-영등포 간 경인선에서 경부선으로 편입 (복선)
1939.06.15	영등포-대전 간 복선화
1940.04	삼랑진-부산진 간 복선화
1943.12.10	부산역을 부산부두역으로 역명 변경
1944.08.01	경성-영등포간 복복선화(경부선과 경인선이 각각 복선 사용)
1945.03.01	대전-삼랑진 간 복선화. 전 구간 복선화 완료

1941년 당시 경부본선은 경성역에서 용산-노량진-남경성(영등포)-안양-수원-오산-평택-천안-조치원-부강-대전-영동-추풍령-김천-구미-대구-경산-밀양-삼랑진-구포-부산진-초량 등 부산역까지

450.5km 구간 안에 모두 57개의 역이 있었다. 경성역에서 08:23에 출발한 완행열차는 53개역에 정차하면서 부산역에 20:20에 도착, 12시간이 소요되었다. 반면 15:50에 출발하는 급행열차는 대전역(18:03)과 대구역(21:03)만 정차하면서 부산역을 23:05에 도착하였다. 대륙과 연결되는 차편이거나 야간열차는 대부분 침대칸과 식당칸이 운행되었고, 부산행 외에도 목포행, 여수행, 대구행, 대전행, 천안행, 수원행 등이 호남/전라선과 연계되어 함께 운행되고 있었다.

부산에서는 시모노세키(下關)로 가는 이른바 관부연락선(關釜連絡船)이 12:00와 23:45에 출발하였다. 경성발 03:20 또는 15:50 차편이 이 연락선과 연계된 것이었다. 이들은 각기 11:20과 23:05에 부산역에 도착한다. 낮 12시 배편을 타면 시모노세키에는 저녁 7시 반에, 밤 11시 45분 편은 다음 날 아침 7시 15분에 도착하였다. 한편 시모노세키에서는 23:00와 10:30에 출항하는 배가 6:00와 18:00에 부산에 도착하였고, 이와 연계하여 경부선은 6:50 및 18:50발 열차가 편성되어 있었다. 관부연락선은 1905년 9월에 영업을 개시하여 1945년 일본 패망과 함께 폐지되었고, 1969년에 설립된 부관훼리(부)가 1970년부터 영업을 개시, 현재까지 1일 두 편의 정기선을 운행하고 있다.

상행선은 경성행 뿐 아니라 중국의 북경·신경·봉천행 급행열차도 운행되었다. 08:00에 부산역을 출발하는 신경행 열차는 삼랑진(08:49) - 대구(10:28) - 김천(11:55) - 대전(13:47) - 천안(14:56) - 남경성(=영등포역, 16:13) - 용산(16:24) - 경성(16:40) - 평양(21:28) - 안동(02:05) - 봉천(09:10)을 지나 신경에 다음 날 13:50에 도착, 1,350.4km를 약 30시간 만에 주파하였다.

04

경의선(京義線)

경의선은 경성과 대륙을 잇는 노선이었기 때문에 일찍부터 일본은 물론 서구의 관심을 끌었다. 처음에는 1896년에 프랑스 피브릴(Fives Lile)사가 부설권을 얻었으나 자금난으로 실패하였고, 1899년에 대한철도회사가 특허를 얻었지만 마찬가지로 실패하였다. 1900년에는 내장원(內藏院) 서부철도국에서 서울−개성 간 선로를 측량하고 1902년에 착공을 했지만, 1904년 러일전쟁 발발과 함께 일본이 간섭하면서 급진전되었다.

1904년 3월 용산−개성 구간 노반공사가 시작되었고, 1905년에는 평양−신의주 구간이 완공되었으며, 1906년 청천강과 대동강 철교가 준공되면서 전 구간이 개통되었다. 1908년에 부산−신의주 사이에 한국 최초의 급행열차인 융희호(隆熙號)가 운행되기 시작하였고, 그 후 1911년에는 압록강 철교가 완공되어 중국의 만주를 거쳐 유럽까지 이어지는 국제 철도 노선의 일부가 되었다. 1920년대에 서울역에서 신촌을 지나 가좌동에서 원 노선에 합류하는 신선(新線)이 개통되었으며, 1943년에는 평양−신의주 구간이 복선화되었다.

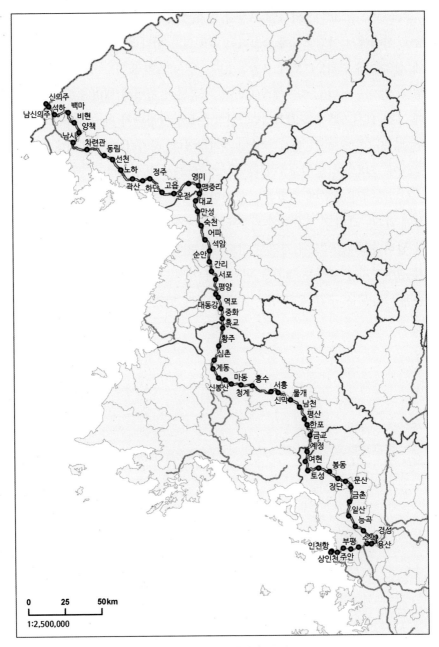

그림 62. 경의선

1936년에 경의선 신의주발 부산행 열차는 모두 6편이 있었다. 이 가운데 중국 신경에서 아침 8시에 출발하는 급행열차 히카리(光)는 저녁 6시 46분에 신의주에 도착, 47분에 출발하였다. 정주(20:39 도착) – 맹중리(21:23) – 평양(21:23) – 신막(0:35) – 개성(1:56)을 경유하여 경성에 새벽 3시 3분, 부산에 오전 11시 5분에 도착하였다. 신의주에서 경성까지 약 500km를 8시간, 부산까지 약 950km를 16시간 만에 주파하였다. 히카리 열차는 침대칸과 식당칸이 구비되어 있었고, 객차는 1, 2, 3등칸까지 있었다.

신의주에서 09:27에 출발하는 완행열차는 평양에 13:06, 개성에 20:02, 경성에 21:50, 그리고 부산역에 다음 날 09:10에 도착, 부산까지는 하루를 꼬박 달려야했다. 이밖에 경의선 선로에는 평양·토성·개성·신막 각 역에서 경성까지 운행하는 열차를 비롯하여 개성, 신막, 평양, 정주, 사리원을 종점으로 부분 구간 운행하는 열차들이 더 있었다.

05

호남선(湖南線)

　대전에서 목포까지 260.4km에 달하는 철로이다. 1910년 1월 대전－연산 간 공사를 시작해서 1914년 1월에 전 구간 개통하고 영업을 시작하였다. 호남선 역시 단기간에 완공하였는데, 김제·만경평야에서 생산되는 쌀을 비롯한 곡물을 수송하는 것이 주요 목적 중의 하나였다. 대전－연산, 연산－ 강경 구간이 1911년, 강경－이리(－군산), 이리－김제, 김제－정읍 구간이 1912년, 정읍－송정리 구간이 1914년, 송정리－나주, 나주－학교, 학교－목 포 구간이 1913년에 개통과 함께 영업을 시작하였다.

　1936년 호남선에는 대전－서대전－가수원－흑석리－두계－연산－논산 －강경－함열－황등－이리－부용－김제－신태인－정읍－사가리－신흥리 －장성－임곡－송정리－나주－영산포－다시－고막원－학교－몽탄－명산 －삼향－임성리－목포 등 모두 30개의 역이 있었다. 대전역에서 목포행 열 차를 12:50에 타면 이리에 14:46, 송정리에 16:57, 그리고 목포까지는 18:35 에 도착, 모두 6시간 45분이 소요되었다.

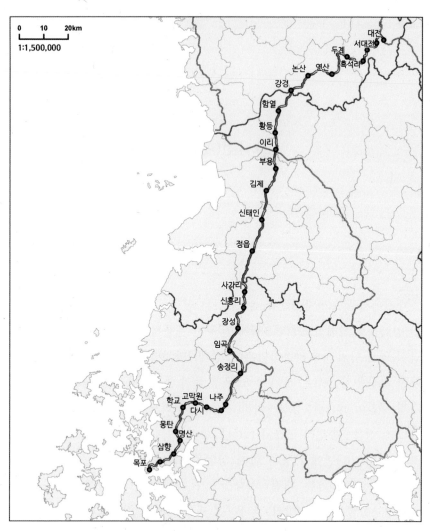

그림 63. 호남선

　해방 후에는 강경선, 광주선, 대불선, 북송정삼각선, 장성화물선, 삼학도
선 등이 호남선의 지선이 건설되었다. 강경선은 연무대선으로도 불렸는데,
이른바 논산훈련소로 가는 입영열차이다. 훈련병과 면회객 편의를 위해
1958년에 채운역에서 연무대역까지 6.1km를 부설, 강경역－채운역－연무

대역 사이의 9km를 운행하였다. 바로 훈련소로 이어지도록 설계된 연무대역이 지금도 영내에 있지만 자동차 교통이 발달하면서 1974년에 영업이 중단되었고, 채운역도 보통역에서 신호장으로 격하되었다.

현재 광주선으로 불리는 노선은 동송정 분기점에서부터 광주역까지 11.9km 구간으로 경유역이 극락강역 하나만 있는 매우 짧은 노선이다. 이 노선은 본디 경전선 구간에 속했었다. 광주 남쪽의 화순에서 광주로 진입하는 경전선 노선은 효천－벽도－신광주역을 경유, 당시 광주역으로 들어왔고, 이어서 운암역과 극락강역을 지나 종점이 송정리역에 도착하는 것이었다. 그런데 1970년대부터 요구되어왔던 도심철도 이전 사업으로 인해 경전선은 효천역에서 서쪽으로 바로 철로를 빼서 송정리역을 이었다. 이때 효천－벽도－신광주－광주－운암－극락강－송정리 구간이 경전선에서 제외되면서 효천－광주 구간은 폐지하고, 광주－송정리역 구간만을 따로 떼어 광주선으로 명명한 것이다. 폐지된 구간 중에서도 신광주－광주역 사이의 지역은 급속한 도시화의 진전과 함께 철로가 뜯겨나갔다.

한국 철도사에 광주선은 이전에도 있었으니 1922년에 완공된 광주－담

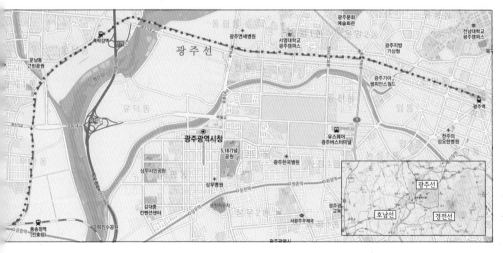

그림 64. 현재의 광주선

양 간 노선이었다. 이 노선은 본디 경전선에 속하였으나 도중에 경전선이 노선을 바꾸면서 독립하여 따로 광주선이라 불렀던 것이다(6부 2절 참조. 174쪽). 이 밖의 지선으로 대불선(일로역－대불역, 12.0km)이 대불공단의 화물 운송을 위해 2004년에 개통했다가 공단 불황으로 2010년에 중지되었고, 호남선과 경전선을 이어주는 북송정삼각선(1.0km), 호남선의 안평역과 장성화물역 이어주는 장성화물선(3.6km), 그리고 목포역과 삼학도 부두를 잇는 삼학도선(2km, 2013년 폐지) 등이 있다.

06

경원선(京元線)

경원선은 경성과 원산을 잇는 철도이다. 1905년 11월 용산과 원산에서 각각 착공식을 갖고 1914년 9월 16일 원산에서 전 구간 개통식을 거행하였다. 1899년 경성~원산·경흥(慶興) 간 철도부설권을 국내 철도용달회사(鐵道用達會社)가 얻었으나 자금난으로 착공을 못하던 중 1905년 일본이 경의(京義)철도·마산포(馬山浦)철도와 함께 경원선 철도부설권을 승인받았다.

경원선은 1911년에 용산－의정부, 1912년에 의정부－연천－철원, 1913년에 철원－복계－검불랑, 고산－용지원－원산, 1914년에 검블랑－세포－고산 구간이 완공됨으로써 전 구간 개통되었다.

1910.10.	경원선 착공
1911.10.15	용산－의정부 개통
1912. 7. 2	의정부－연천 개통
1914. 4. 1	독도(獨島)역을 왕십리역으로 개칭
1914. 9.16	연천－원산 개통
1938. 5. 1	청량리역을 동경성역(東京城驛)으로 개칭

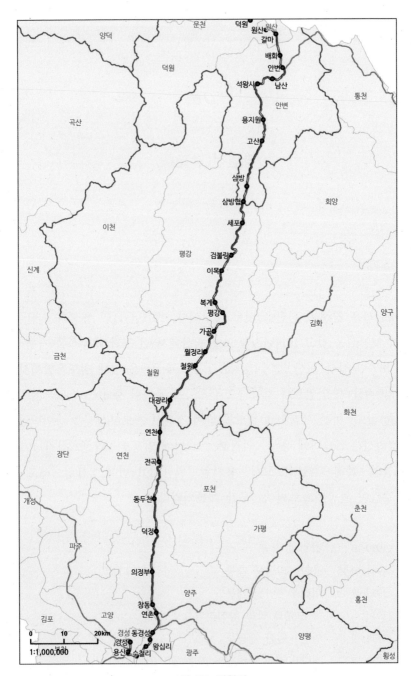

그림 65. 경원선

일제시기 한국 철도망의 확산과 지역구조의 변동

1942. 6. 1   동경성역을 청량리역으로 개칭

1944. 4.   복계-고산 간 전철화(직류 3000V). 데로형 전기 기관차
             운행 개시

1941년 현재 경성역부터 원산역까지 226.9km 내에 용산-서빙고-수철리-왕십리-동경성(=청량리)-연천-창동-의정부-덕정-동두천-전곡-연천-대광리-철원(101.8km)-월정리-가곡-평강-복계-이목-검불랑-세포(154.8km)-삼방협-삼방-고산-용지원-석왕사-남산-안변-배화-갈마역 등 모두 32개의 역이 있었다.

경원선 열차는 함경선과 연계하여 함흥과 청진까지 운행하였다. 9:35에 경성역을 출발한 313호 함흥행 열차는 12:58에 철원, 14:59에 세포, 16:48에 원산, 19:58에 함흥에 도착하였다. 수철리역을 제외하고 모든 역에 정차하는 이 열차는 원산에 도착하려면 7시간 이상을 달려야 했는데, 경부선보다 거리가 짧지만 삼방과 철령 일대의 험로를 통과해야 했기 때문에 속도가 나지 않았던 것이다. 경원선은 조선시대에 제2대로였던 경흥로보다는 조선 후기에 북어상들이 선호한 삼방로(三防路) 루트를 따랐다. 험준한 철령 길보다는 추가령구조곡 내의 저평한 지세를 이용하는 것이 공사 비용이나 기간을 단축하는데 훨씬 유리하고 실제 거리도 가깝기 때문이다.

경원선 개통이 가져온 변화 중의 하나는 금강산을 최고의 수학여행지로 만든 것이다. 배재학당 학생들은 1921년 9월 28일 단풍철을 맞이하여 오전 10시 20분에 경원선 열차를 탔으며(『동아일보』, 1921.9.28. 기사), 같은 해 10월 9일에는 보성고보 학생 중 4학년은 금강산으로, 3학년은 경주로, 2학년은 평양으로, 1학년은 개성으로 수학여행을 떠났다(『동아일보』, 1921.10.9. 기사). 금강산은 4학년에 되어야 갈 수 있는 곳이었고, 경원선을 비롯하여 이미 개통된 경의선과 경부선이 그야말로 '遠足'(수학여행)을 가능케 하였다. 1923년 중앙고등보통학교 수학여행단은 5학년이 금강산, 4학년이 경주,

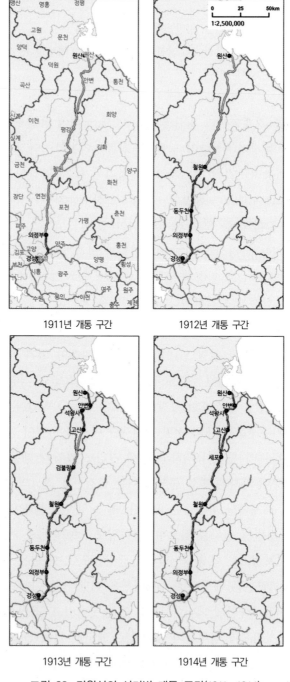

1911년 개통 구간   1912년 개통 구간

1913년 개통 구간   1914년 개통 구간

그림 66. 경원선의 시기별 개통 구간(1911~1914)

3학년이 함흥, 2학년이 부여, 1학년이 개성으로 다녀왔고(『동아일보』, 1923.
10.14), 이듬해에도 금강산은 역시 5학년 차지였다(『동아일보』, 1924.10.11).

　이러한 풍토는 1930년대 초반에 '일본 만주 등지의 대도회로 수학여행
가는 것이 경쟁적으로 대단히 유행이 되었다. 이전에는 금강산이나 경주
등지로 많이 가더니 근자에는 일본행이 단연 수위를 점하고 있'(『동아일보』,
김찬식, 독자평단, 1931.5.15)으니 해외 수학여행에는 경의선과 경부선이
한몫하였을 것이다. 이러한 수학여행 열풍은 중일전쟁 이후 크게 꺾였다.
'시국이 비상한 만큼 각 학원에도 소비절약을 여행하는 동시에 인고단련의
기풍을 조장하기 위하야 총독부 학무국에서는 관하 각 학교에 종래 항례적
으로 시행해오던 원거리의 수학여행은 일체 중지하도록 통첩한' 기사는 당시
상황을 잘 보여준다(『동아일보』, 「禁足된 修學旅行」, 1938.9.8).

07

함경선(咸鏡線)

함경선은 경원선의 종점 함경남도 원산에서 동해안을 따라 함경북도 상삼봉역까지 이어지는 철도이다. 처음에는 원산에서 회령까지였으나 1940년에 회령-상삼봉 구간을 편입하였다. 최초 원산에서 영흥까지 1914년에 공사를 시작하여 1915년에 완공하였으며, 함흥까지는 1919년에, 함흥-북청은 1922~1926년 사이에, 북청-길주는 1924-1928년 사이에, 길주-수성은 1919-1927년 사이에, 수성-회령은 1917년에, 그리고 회령-상삼봉은 1919년에 완공되어, 원산역에서 상상봉역까지 664.km 전 구간이 개통되기까지 14년이 걸렸다. 현재 북한에서 원산-고원 구간은 강원선으로 편입되었고, 고원-청진 구간은 평원선(평양-원산, 1927~1941)과 통합하여 평라선의 일부가 되었으며, 청진-상삼봉 구간은 함북선에 편입되어 함경선이라는 이름은 없어졌다. 함경선은 조선시대의 경흥로 및 일제시기의 1등도로 원산회령선과 노선이 대체로 일치한다.

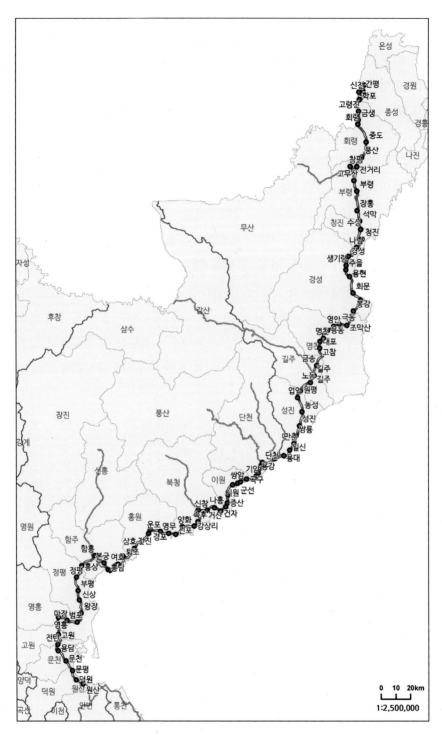

그림 67. 함경선

1941년 함경선은 함경북도 수성을 기점으로 함경남도 함흥까지 408.9km를 운행하였다. 구간 중에는 수성–강덕–나남–경성–생기령–주을(35.9km)–용현–회문–어대진–봉강–조막산–극동–영안–용동–상용전–명천–내포–고참–금송–길주(135.6km)–노동–원평–덕억–농성–성진(177.9km)–쌍룡–만춘–일신–용대–여해진–단천–오몽리–용강–기암–곡구–쌍암–군선–이원–경분–증산–나흥–건자–거산–신창–신북청(291.8km)–속후–강상리–양화–신포–영무–운포–경포–전진–요운–삼포–퇴조–여호–서호진–흥남–본궁–함흥(408.9km) 등 모두 61개의 역이 있었다. 경성(京城)까지는 759.7km이고, 수성에서 식당칸과 침대칸이 운영되는 22:11발 급행 열차를 타고 출발하면 함흥까지는 다음날 아침 06:52에, 경성(759.7km)에는 14:12에 도착하여 총 16시간이 소요되었다. 1941년 시각표에는 경성에서 함흥까지가 경원선에, 함흥에서 청진까지가 함경본선에, 청진에서 상삼봉을 지나 나진까지가 북선선에 수록되어 있다.

6부

뼈대를 잇는 브릿지 철도들

01

1914년까지의 철도망

1) 평남선(1910, 평안선)

평양에서 진남포까지의 노선이다. 1910년 10월 16일에 개통되었다. 1941년 현재 전체 노선은 평양을 기점으로 하여 조촌(8.7km) − 대평(15.8km) − 강선(23.1km) − 기양(28.3km) − 대성(35.2km) − 진지동(40.7km) − 갈천(47.6km)을 경유한 후 진남포(55.2km)로 이어진다. 소요 시간은 1시간 20분으로 전 열차 2, 3등칸으로 편성되었고 상·하행 모두 하루에 9편이 운행되었다.

1938년에는 진남포에서 용강온천(평남온천)까지 조선평안철도주식회사에서 **평안선**을 건설하였다. 1941년에 평안선은 진남포에서 덕동(9.4km) − 동광량(18.6km) − 서광량(20.7km) − 귀성(29.8km) − 용강온천(34.7km)까지 1일 6회 왕복 운행하였고, 진남포역에서 용강온천역까지 소요시간은 1시간에서 1시간 반가량이 걸렸다. 광량만의 천일염 수송이 중요한 기능이었지만, 약알칼리단순온천으로 이름난 용강온천의 수질이 좋아 온천 여행 승객도 많았다. 평안선은 언제인지 알 수 없지만 평남선에 병합되었으며, 평양 − 진남포 구간은 1980년에 전철화되었다.

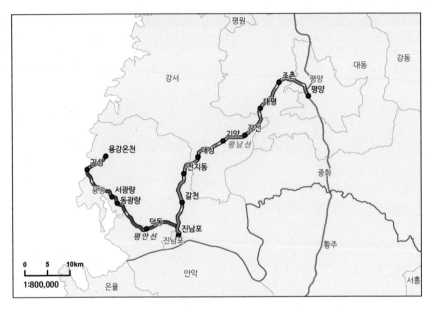

그림 68. 평남선(평안선)

2) 군산선(1912)

이리에서 군산항까지의 철도이다. 1912년 개통되었다. 1936년 현재 이리
－오산(3.4)－임피(7.8)－지경(13.0, 1953년 대야역으로 개명)－개정(17.6)－
군산(23.0)－군산항(24.7km) 등 모두 7개 역을 운행하였다. 군산선 부설의
주요 목적의 하나는 호남선의 이리역과 군산항을 연결하여 김제평야 및 만
경평야에서 생산되는 농산물을 운반하는 것이었다.

이리역에서 출발하는 12편 하행선은 모두 군산 또는 군산항행이었는데,
군산까지는 35~45분이 소요되었다. 반면 군산 또는 군산항에서 출발하는 상
행선 12편 중 4편은 이리까지만 운행하였지만, 나머지 8편은 전라선과 연계
하여 전주, 남원, 순천, 여수까지 갔다.

통근열차로 운행하던 군산선은 2008년 1월 1일부로 그나마 운행을 중단

한다. 금강하구둑을 이용해 금강 너머 장항선과 연결되면서 이에 편입되었기 때문이다. 이로써 1912년 개통한 이래 96년 동안 여객과 화물을 날랐던 군산선은 철도사에서 이름을 감추었다. 군산선 철도역 가운데 임피역은 등록문화재로 지정되었는데(제208호, 2005.11.11), 지정된 이후에도 거의 폐가처럼 방치되어 있다가 2013년에 산뜻하게 정비되었다. 지금의 역사(驛舍)는 1936년에 개축한 것이다.

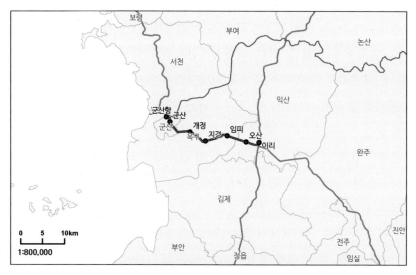

그림 69. 군산선

그림 70. 임피역
왼쪽은 정비 전(2012년 8월), 오른쪽은 정비 후(2015년 5월, 제공: 천종호)의 모습이다.

3) 전라선(1914, 경전북부선, 광려선)

전라선은 이리(익산)에서 여수까지의 노선이다. 처음에 **경전북부선**이라 하였는데, 1936년 순천까지 연장 개통되면서 당시 순천－여수 간을 운행하던 **광려선**을 편입하여 전라선이 되었다. 1913년 1월 전북경편철도주식회사가 철도 부설면허를 받아 1914년 5월에 착공, 동년 10월 협궤로 준공하고 1914년 10월 17일부터 이리－전주 간 영업을 개시하였다. 1927년 10월에 조선총독부가 본 노선을 매수하고 이름을 경전북부선이라고 이름을 바꾸었는데, 철도회사 이름을 따서 전북경편철도로도 불린 듯하다. 1929년에는 철도를 표준궤로 개축하는 공사를 진행하면서 역사(驛舍)도 전면 신축하거나 개축하였으며, 1931년 10월 전주－남원, 1933년 10월 남원－곡성, 1936년 12월 곡성－순천 간 표준궤 공사가 완료되었다. 이로써 1936년에 경전북부선은 1930년에 먼저 개통하여 영업 중인 남조선철도회사 소속의 광려선(송정리－순천－여수항)과 순천에서 접속되었고, 이중 순천－여수항 구간을 편입하여 전라선으로 개칭하였다.

현재 전라선은 익산역에서 여수엑스포역까지이다. 여수엑스포역은 여수역이 2011년에 '여수 세계 박람회'(2012.5)를 맞이하여 이름을 바꾼 것이다. 광려선이 개통되던 때 종점은 여수항역이었다. 여수항역은 일본과 해운으로 연결하기 위해 설치한 역이었기 때문에 해방과 더불어 일본과의 영업을 중단하면서 폐지되었다. 여수역 다음이 여수항역이었다.

광려선(光麗線)이 완전 개통된 것은 1930년이고, 당시 운행 구간은 송정리역에서 여수항역까지이다. 1921년 4월에 공사를 시작해서 1922년 7월에 송정리~광주 구간을 개통하고 전남선이라 하였고, 같은 해 12월에 광주에서 북쪽으로 담양까지의 구간을 개통하였다. 송정리~광주~담양 간 전남선은 1928년 국철화되면서 이름을 광주선으로 바꾸었고, 1929년 2월에 다시 공사를 시작해서 1930년에 광주에서 여수항 구간을 개통, 이 구간을 광려

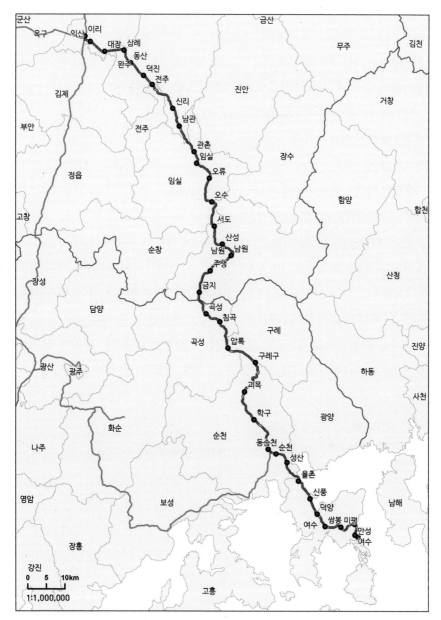

그림 71. 전라선(경전북부선, 광려선)

선이라 하였다. 광려선은 1936년 3월에 국철화 되면서 송려선(송정리-광주-순천-여수항)으로 이름을 바꾸었다가, 같은 해 12월에 경전북부선 곡성-순천 간이 개통되자 순천-여수항 구간은 경전북부선에 넘겨주고 송정리에서 순천까지의 구간을 경전서부선으로 하였다.

1936년 이리에서 여수항까지 198.8km 구간에는 이리-구이리-대장-삼례-동산-덕진-전주-신리-남관-관촌-임실-오류-오수-서도-산성-남원-주생-금지-곡성-침곡-압록-구례구-괴목-학구-동순천-순천-성산-율촌-신풍-덕양-쌍봉-미평-만성-여수-여수항까지 모두 35개의 역이 있었다. 이리역에서 출발하는 열차 편은 전주행, 남원행, 순천행, 여수행이 있었고, 순천역에서는 경전서부선 여수행이 연계되어 운행하였다. 이리역에서 10:10 열차를 타면 순천역까지는 16:14에, 여수역에는 17:50에 도착하여 7시간 40분이 소요되었다. 여수항까지 가는 열차는 하루에 두 편밖에 없었는데, 15:11에 도착하는 열차를 타면 16:00 출발하는 관려연락선(關麗連絡船)을 타고 시모노세키(下關)에 다음 날 08:00에 도착할 수 있었다. 이 정기여객선은 1930년 광려선 개통과 함께 취항하였다.

02

\

1928년까지의 철도망

1) 개천선(1916)

평안남도 신안주과 개천을 연결하는 노선이다. 1916년 5월에 협궤로 전 구간이 개통되었다가 1949년 표준궤로 바꾸었다. 총연장은 29.5km이며, 구간 내에는 신안주-안주-북송리-용흥리-운흥리-개천 등 모두 6개의 역이 있었다. 상·하행선 모두 하루 6편의 철도가 운행되었고, 전 구간 소요시간은 1시간 23분가량이었다. 개천에서는 1939년에 완전 개통된 만포선과 경의선이 만난다. 신안주역은 현재 신안주청년역이다. 개천선은 기본적으로 평안북도의 산악지대를 연결하는 것이었지만, 개천군 일대의 철과 석탄을 경의선과 연계하여 수송하는 목적도 있었다.

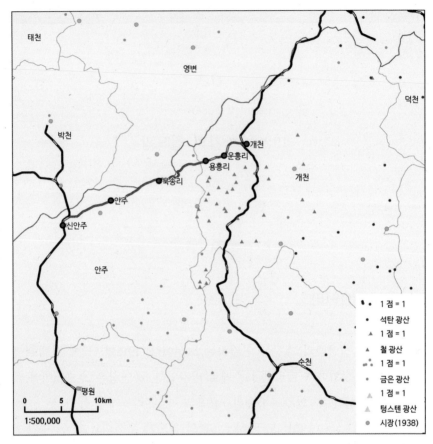

지도 내 라벨:
태천, 영변, 덕천, 박천, 개천, 운흥리, 용흥리, 북송리, 안주, 개천, 신안주, 안주, 순천, 평원

범례:
1 점 = 1 석탄 광산
1 점 = 1 철 광산
1 점 = 1 금은 광산
1 점 = 1 텅스텐 광산
시장(1938)

0 5 10km
1:500,000

그림 72. 개천선과 주변 지역의 광산

2) 대구선(1917, 구포선, 경동선, 동해중부선)

대구에서 영천까지 38.4km의 노선이다. 조선경편철도주식회사(1919년에 조선중앙철도주식회사로 개명)가 1917년 2월에 착공하여 이듬해 12월 대구 －하양 간 영업을 개시하였다. 1918년에는 순차적으로 하양역에서 경주 서악역(경주시 서악동 소재, 폐역)까지, 그리고 서악역에서 포항역까지 연장

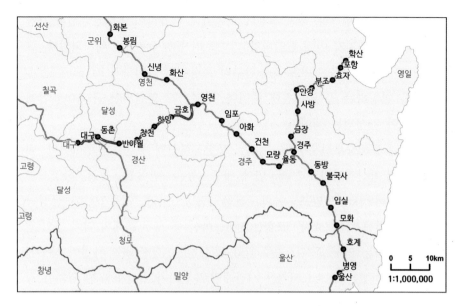

그림 73. 대구선(경동선, 동해중부선)

개업하였다. 대구−영천−경주−포항이 철도로 묶임으로써 경북 동해안
지역에서 내륙으로 진출하기가 용이해졌다. 1919년에는 경주역에서 불국
사역까지, 포항역에서 학산역까지 연장 운행되었으며, 1921년에는 불국사
역에서 울산역까지 영업을 시작하였다. 이때부터 대구−영천−경주−포항
−학산 구간을 **구포선**(邱浦線)으로, 경주−울산 구간은 울산선으로 부르기
시작했다.

이 두 노선은 1923년에 **경동선**(慶東線)으로 이름을 바꾸었고, 1928년에
국철화되면서 이름을 다시 **동해중부선**(東海中部線)으로 바꿨다. 처음에 협
궤로 건설되었는데, 경주−울산 간은 1936년에, 대구−영천 간은 1938년에
표준궤로 고쳤다. 1938년에 대구−영천 구간은 동해중부선에서 빠지고 경
부선의 지선으로 편입되는데, 이때 이름을 대구선으로 바꾸었다. 한편 영
천−경주 구간은 경경남부선(지금의 중앙선)으로, 경주−울산 구간은 동해
남부선으로 명명되었다. 이로써 동해중부선은 경주−포항 구간만 남았다.

이 구간은 1945년 7월, 해방 직전에 표준궤로 개궤하여 동해남부선과 차량 연결이 가능해지자 이에 편입되었고, 이로써 동해중부선은 폐지되었다. 그러나 2018년 완공을 목표로 2008년부터 포항에서 삼척까지(166.3km, 단선) 노선을 연장하는 공사가 진행 중이다. 삼척까지 연결되면 근 100년 만에 동해선이 완성되는 셈이다.

1936년 동해중부선은 대구─경주─포항─학산역 구간을 운행하였다. 대구역에서 학산역까지 107.4km 안에 대구─동촌─반야월─청천─하양─금호─영천(34.1km)─임포─아화─건천─광명─서악─경주(69.0)─금장─사방─안강─부조─효자─포항(105.4)─학산 등 모두 20개의 역이 있었다. 대구역에서는 영천행(2편) 경주행(3), 포항행(5), 학산행(2) 차편이 하루에 12편 출발하였는데, 소요시간은 시간대별로 편차가 커서 19:00발 열차는 경주에 21:12에, 포항에 22:33에 도착하여 3시간 33분이 걸렸고, 아침 8:55발 열차는 경주에 12:27, 포항에 14:26에 도착하여 5시간 31분이 소요되었다. 대구선으로 독립한 이후인 1940년 대구선은 대구─영천 구간 7개 역만 운행하였다. 대구─영천 간 소요시간은 1시간 내외였고 각기 9편씩의 열차가 운행하였다. 첫차와 막차는 대구역에서 5:55과 21:00, 영천역에서 6:04과 23:17이었고, 배차 간격은 1시간 반에서 2시간 정도이다.

현재 대구선은 가천역부터 영천역까지 29.0km 구간을 일컫는다. 시가지 개발과 주민 요구에 따라 대구선 이설이 확정되면서(1992) 2005년에 대구역─청천역 구간이 폐지되었고, 이때 새로 건설된 노선에 가천역과 금강역이 들어섰다. 그러나 가천역은 여객을 취급하지 않기 때문에 실질적인 대구선의 기점은 동대구역이다. 현재 대구선만을 운행하는 차편은 없고, 2017년에 동대구역 발 포항역 착 차편으로는 무궁화호 4편이 운행 중이다. 소요시간은 약 1시간 50분 정도이다. 이밖에 동대구역에서 출발하여 중앙선을 경유하여 정동진까지, 순천에서 출발하여 동해남부선을 경유하여 경주─포항까지, 부산의 부전역에서 포항까지 운행하는 차편 등이 있다.

3) 동해남부선(1921~1935)

오늘날 동해남부선은 포항역과 부산진역을 잇는 노선을 일컫는다. 동해남부선은 1927년부터 실시한 '조선철도 12년 계획' 당시 동해선의 일부로 편입되었다. 동해선은 경원선 안변에서 포항까지 북부선, 포항에서 경주까지 중부선, 경주에서 부산까지 남부선으로 구분된다. 동해선은 안변에서 함경선과 연결함으로써 동해안 연안 철도를 구상한 것이었다.

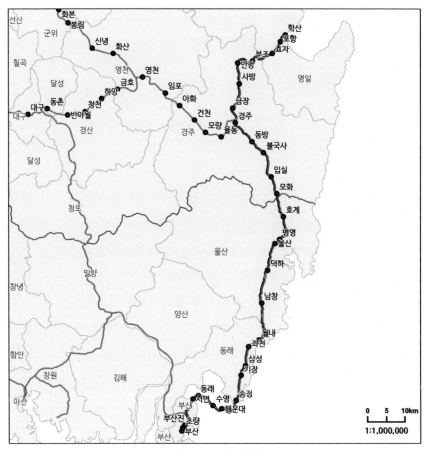

그림 74. 동해남부선

동해남부선 가운데 경주-울산 구간은 1921년에 협궤로 영업을 개시하였고, 1936년에 표준궤로 고쳤다. 1934년에 부산-좌천 구간이, 1935년에 좌천-울산 구간이 개통되어 동해남부선이 완성되었으며, 이로써 부산에서 포항까지 연결되었다. 1940년 동해남부선은 부산역에서 경주역까지 115.2km를 운행하는데, 이 사이에 초량-부산진-서면-동래-수영-해운대-송정-기장-삼성-좌천-월내-남창-덕하-울산(75.9km)-병영-호계-모화-입실-불국사-동방-경주역(115.2km) 등 모두 22개의 역이 있었다. 부산발 열차 8편 가운데 대구행이 3편, 안동행이 3편, 경주행과 해운대행이 각 1편씩 편성되었다. 부산에서 경주까지 전 역을 다 경유하는 것이 동일함에도 빠른 것은 3시간(8:48~11:46), 늦은 것은 6시간 반(6:45~13:20)이 소요되었다.

4) 강덕선(1914-1919)

함경북도 나남-강덕-수성역으로 이어지는 짧은 노선이다. 1914년에 공사를 시작하여 1919년 12월에 나남-수성 구간을 개통하였고, 1922년에는 그 사이에 강덕역을 하나 더 설치하였다. 1924년에는 나남과 청진을 빠르게 연결하기 위해 별도의 철도를 더 부설하였는데, 이 노선이 나중에 함경본선이 되면서 기존의 나남-수성 구간을 강덕선이라 부르게 되었다. 해방 후 북한은 나남-청진 간 함경선을 뜯어내고 당시의 강덕선을 다시 함경선에 포함시켰기 때문에 지금은 강덕선이 존재하지 않는다.

5) 충북선(1921-1928)

조치원에서 충주까지 연결하는 94.0km의 철도선이다. 조선중앙철도주식회사가 1921년에 조치원-청주 구간 22.7km 영업을 개시하였다. 1923년에 청주-청안 구간을, 1928년에 청안-충주 구간을 마무리 짓고 충북선을 완공하였다. 해방 후 1958년에는 충주에서 봉양까지 연장하여 중부 내륙지방에서 경부선과 중앙선이 충북선으로 연결되었다.

1936년 조치원에서 충주까지는 조치원-오송-월곡-정봉-송정-청주(22.7km)-정하-오근장-내수-청안(46.6km)-도안-보천-음성-소이-대소원-달천-충주 등 모두 17개의 역이 있었다. 하루에 2, 3등차가 9편 배차되었는데 그 중 네 편은 청주까지만 운행되었다. 조치원에서 첫차를 07:05에 타면 청주에 07:47, 청안에 8:50, 충주에 10:19에 도착, 3시간 14분이 소요되었다.

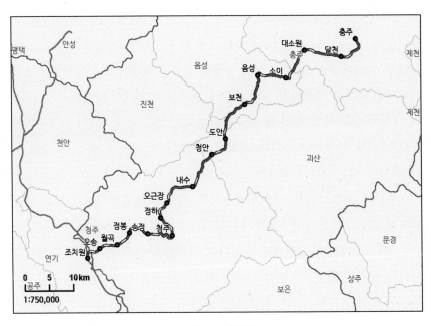

그림 75. 충북선

2016년 충북선 구간 하행 열차는 서울역과 대전역에서 출발하여 제천역까지 운행한다. 서울에서 출발하여 충북선을 경유하는 차편은 2016년 현재 1편이 편성되어 있다. 18:05분에 출발해서 청주에 19:04, 충주에 20:41, 제천에 21:11에 도착한다. 대전역에서는 5편이 편성되어 있는데 7시 발 무궁화호 열차를 타면 조치원에 07:29, 청주에 07:40, 충주에 08:36, 그리고 제천역에 09:06에 도착하여 2시간 6분이 걸린다. 80년 전에 비해 1시간이 빨라졌다.

6) 광주선(1922, 전남선, 광려선, 송려선)

광주선은 이름과 관할 노선에 변동이 매우 빈번했다. 1922년에 송정리역에서 담양역까지 21.5km에 달하는 철도를 완공하고 이를 **전남선**이라 불렀는데, 1928년에 **광주선**으로 이름을 바꾼다. 이것이 첫 번째 광주선이다. 중간 경유역으로 망월역, 장산역, 마항역이 있고 상·하행 모두 35~40분이 소요되었다. 1918년 남조선철도주식회사가 광주－마산 간 철도 부설권을 획득하고, 1921년 4월 13일에 담양－송정리 구간을 착공, 1922년 7월 1일 송정리－광주 구간을 개통하고, 1922년 12월 21일에 광주에서 담양까지 전 구간이 개통되었다. 애초에 이 철도는 광주에서 담양을 거쳐 남원－진주－마산으로 노선을 잡았으나 중간에 계획이 변경되어 남쪽으로 화순, 보성을 지나 순천을 잇는 것으로 방향이 틀어졌다.

1930년에 광주－순천 구간을 완공하고, 광주선과 병합하여 전체를 **광려선**이라 불렀다가 1936년 3월에 국철화되면서 이름을 **송려선**으로 바꾸었다. 같은 해 12월에는 송정리에서 순천까지 구간만을 따로 떼어내어 경전서부선이라 하였는데, 이때 떨어져 나온 광주－담양 구간을 다시 **광주선**이라 부른 듯하다. 이 광주선은 태평양 전쟁 중에 철(鐵)을 공출하기 위해 1944년 10월에 철로가 뜯겨졌다.

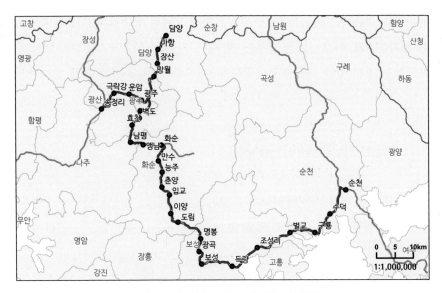

그림 76. 광주선(전남선, 광려선, 송려선)

더 이상 존재하지 않을 것 같은 광주선은 1955년 9월에 경전서부선 이름을 다시 **광주선**으로 바꿈으로써 부활한다. 그러나 1968년에 순천-진주가 공사가 끝나자 호남선 송정리역과 경부선 삼랑진역이 철로로 연결되었고 이 전 구간을 경전선이라 하였으니 광주선은 다시 사라졌다.

광주가 호남 제1의 대도시로 발달할수록 주민들의 도심을 가로지르는 경전선 철로 이전 요구도 함께 거세졌다. 이때 문제가 된 구간이 송정리역부터 극락강-운암-광주-벽도-효천역까지이다. 이에 광주-효천 구간의 선로를 뜯어내고 효천역에서 송정리역을 바로 잇는 철로를 새로 부설하였다. 결과적으로 송정리-광주 구간만 떨어져 남게 되었고, 이를 다시 광주선이라 하였다.

오늘날 광주선 구간은 일부 호남선 열차가 운행한다. 하행선은 호남선 장성역에서 광주선으로 갈아 타 광주역에서 운행을 마치고, 상행선의 경우는 광주역이 항상 출발역이 된다. 즉 목포에서 용산까지 운행하는 기차 가운데 광주역을 경유하는 차편은 없다. 2016년 현재 호남선 상행선 가운데 광주→용산 열차는 8편, 목포→용산 열차는 9편이다. 이 밖에 광주─서대전이 1편, 목포─부전(경전선)이 1편, 목포─광주가 1편으로 모두 20편이 운행 중이다.

7) 장항선(1922~1931, 충남선)

1922년 6월 경부선 천안역에서 온양온천역까지 14.7km를 개통하고 **충남선**이라 불렀다. 이후 차례로 예산(1922), 홍성(1923), 광천(1923), 남포(1929)

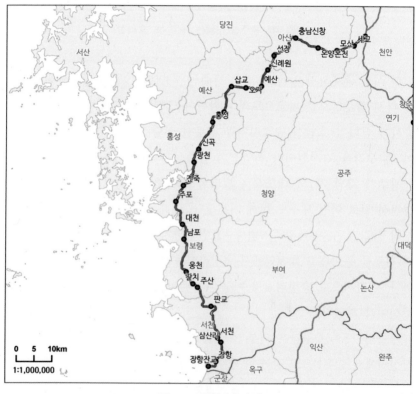

그림 77. 장항선(충남선)

일제시기 한국 철도망의 확산과 지역구조의 변동

역이 개통되었고, 1931년에는 남포에서 판교까지, 그리고 판교에서 종점 장항역까지는 그 전해인 1930년에 완공되었다. 1933년에는 장항역에서 장항 잔교까지 0.7km 연장하였다.

1936년 천안역에서 장항잔교역까지 144.2km 구간 내에는 천안-세교-모산-온양온천(14.7km)-신창-도고온천-선장-신례원-예산-오가-삽교-화양-홍성-신곡-광천(75.3km)-죽림-진죽-주포-주교-대천-남포-웅천-간치-주산-판교-서천-삼산리-장항(143.5km)-장항 잔교(144.2km) 등 모두 개의 29개의 역이 있었다. 천안역에서 10:32에 출발하는 완행열차를 타면 온양온천에 10:52, 광천에 12:23, 장항에 14:08, 장항 잔교역에 14:12에 도착하여 총 3시간 40분이 소요되었다.

충남선이 **장항선**으로 이름을 바꾼 것은 1955년이다. 장항선의 가장 큰 변화는 2008년 1월 1일 군산선을 편입한 것이다. 이로써 장항선의 종점은 익산까지 연장되었고, 군산선으로서의 영업은 폐지되었다. 2016년 현재 장항선으로 용산-익산 간 새마을호는 3시간 30분 내외, 호남선으로는 약 3시간가량 걸린다.

8) 경전남부선(1931, 마산선, 경남선, 경전남부선, 진주선, 경전선)

1902년 영남지선철도회사는 삼마철도(삼랑진-마산포) 부설권을 얻었으나 곧 경부철도주식회사에 매도되었다. 1904년 1월 3일 착공하여 1905년 10월에 개통하고 이를 **마산선**이라 하였다. 처음에 군용철도로 부설된 마산선은 삼랑진에서 마산까지 40.1km에 달했다. 이후 1922년 6월 남조선철도주식회사가 마산선을 진주까지 연장시키는 공사에 착수하여 1923년에 마산-군북 구간을, 1925년에 군북-진주 구간을 완공하였다. 이로써 마산-진주 구간이 연결되었고 이를 **경남선**이라 하였다.

경남선은 1931년에 국철에 매수되면서 마산선과 통합되어 삼랑진에서 진주까지를 **경전남부선**이라 하였는데 1956년에는 이름을 다시 **진주선**으로 바꾸었다. 1968년에는 순천에서 진주까지 철도가 부설됨으로써 송정리에서 삼랑진까지 연결되었으니, 이것이 곧 **경전선**이다. 다시 정리하면 마산선(삼랑진－마산, 1905)과 경남선(마산－진주, 1925)을 1931년에 합쳐 경전남부선으로 부르다가, 1955년에 경전남부선 이름을 진주선으로 바꾸고 1930년에 완공된 광주선(송정－순천) 및 1968년에 완공된 순천－진주 간 철도를 모두 연결하여 경전선이 된 것이다.

1936년에 경전남부선은 삼랑진－낙동강－유림정－진영－덕산－창원(31.3km)－구창원－마산(40.1km)－북마산－중리－산인－함안－군북(69.6km)－원북－평촌－반성－이천－갈촌－남문산－개양－진주(110.1km)로 이어졌다. 삼랑진 10:39발 열차는 창원에 11:25, 마산에 11:39, 군북에 12:33, 진주에 13:48에 도착하여 총 3시간 9분이 소요되었다.

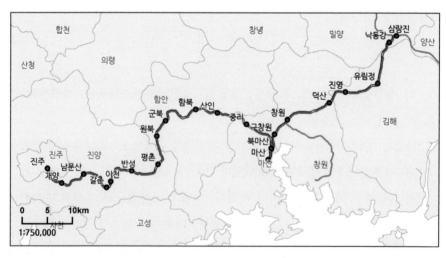

그림 78. 경전선(마산선, 경남선, 경전남부선)

9) 박천선(1926)

1926년 12월에 개통한 평안북도 박천군 맹중리역과 박천역을 잇는 9.8km 철도 노선이다(그림 72 참조). 운산 일대의 금광 개발을 위해 건설하였다. 일본은 맹중리에서 금 산지인 운산군 북진(北鎭) 사이에 철도를 부설할 계획이었지만 만포선이 개통됨에 따라 중지되었다.

박천선은 청천강유역의 안주·박천평야의 쌀·보리 등의 농산물과 안주군·박천군의 석탄·흑연 등의 광산물을 수송하는 것이 주요 임무였다. 1941년에 맹중리역에서 박천까지는 19분이 소요되었고 하루 상·하행 각기 6편이 운행되었다.

10) 경기선(1919~1927, 안성선)

경기선은 1919년 9월 30일 조선경남철도주식회사가 부설 허가를 취득하고 1925년에 천안－안성 간 28.4km가 개통되었다. 1927년 4월 16일에는 안성에서 죽산까지, 같은 해 9월 15일에는 장호원까지 연장 공사를 마무리하였다. 경기선은 태평양 전쟁 중인 1944년 12월 1일 선로 공출 명령에 의해 안성－장호원 간 41.8km 구간의 철로가 폐지되었다. 1955년에 이름을 **안성선**으로 바꾸고 영업을 계속하였으나 철도청의 경영난으로 1985년 4월 1일 여객 영업을 중지하였고, 1989년에는 선로까지 철거하였다.

1941년 경기선에는 천안－석교－입장－고지－미양－안성(28.4km)－안성읍내－마전－삼죽－용월－죽산(47.0km)－죽산읍내－매산－주천－행죽－대서－장호원(69.8km) 등 17개 역이 있었고 천안발 08:55 첫차는 안성에 09:36, 죽산에 10:10, 장호원에는 10:45에 도착하여 1시간 55분이 소요되었다. 상·하행 각기 하루에 4편이 운행되었다.

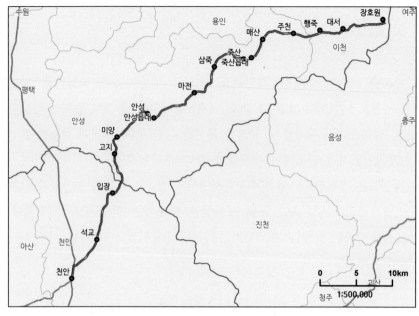

그림 79. 경기선(안성선)

11) 진해선(1921~1926)

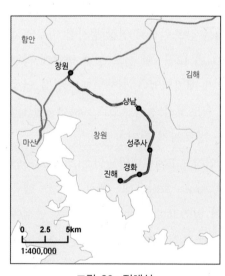

그림 80. 진해선

1921년 10월 10일 착공하여 1926년 11월 11일 완공된 창원(경전선)−진해 간 20.6km의 철도 노선이다. 진해에 설치된 해군기지와 진해항의 물자 수송을 위해 부설되었다. 1936년에 창원−상남−성주사−경화−진해역이 있었고 상·하행 각기 7편씩 운행되었다. 창원에서 진해까지는 35분이 소요되었다.

12) 평원선(1927~1941)

평안남도 순천에서 양덕에 이르는 76.6km의 철도 노선이다. 1926년 5월 6일 서포역 방면에서 착공하여 1927년 11월 1일 서포-사인장 구간 25.0km를 개통하고 평원선이라 불렀다. 이후 1928년 10월 사인장-순천 구간(22.3km), 1929년 10월 순천-신창 구간(19.7km), 1931년 10월 신창-장림 구간(29.5km), 1936년 11월 장림-양덕 구간(27.4km)을 차례로 개업하였다. 1937년 12월 성내-고원 구간(30.0km)을 개통하면서 이 구간을 평원동부선, 기존의 서포에서 양덕까지를 평원서부선이라 불렀는데, 1941년 4월에 성내-양덕 구간(58.7km)을 개통함으로써 서포에서 고원까지 전 구간(204.6km) 공사를 끝내고 다시 평원선이라 하였다.

1941년 평원서부선의 순천-양덕구간에는 순천-봉하-고산-수양-신창(19.7km)-수덕-산성천-거흥-장림-동원-인평-지수-양덕(76.6km) 등 모두 13역이 있었다. 순천에서 양덕까지는 3시간 21분이 소요되었고

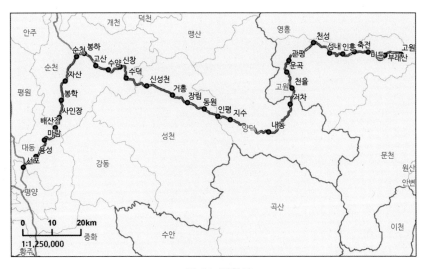

그림 81. 평원선

1일 운행 편수는 상·하행 각기 5편이었다.

13) 회령탄광선(1928)

함경북도 회령군 내에서 함북선의 회령역과 계림역 사이에 부설된 11.8km로 부설된 철도이다. 1926년 5월에 착공하여 1928년 5월에 준공하고 그 해 8월에 개통하였다. 회령 일대 신생대 제3기층에 매장된 갈탄(褐炭)을 운송하기 위해 부설한 산업용 철도이다. 당시 갈탄은 가정과 기차 및 공장 연료로 매우 중요했다. 1933년에 남만주철도회사가 위탁하였다가 1940년에 조선총독부가 다시 관할권을 환원하였다. 1941년에 회령－영수－봉의－유선－계림역 등 모두 다섯 개의 역으로 하루 5편씩 운행하였다. 총 소요시간은 40분이다.

03

1937년까지의 철도망

1) 용산선(1929)

용산선은 경성전기주식회사가 1929년 9월에 부설하였다. 이때 처음 영업을 개시한 구간이 용산역에서 당인리역까지 6.7km였다. 그 사이에는 원정－미생정－공덕리－동막－서강－세교리－방송소앞역 등이 있었는데, 용산역에서 세교리역까지는 기존의 경의선을 그대로 이용한 것이다. 즉 1921년에 남대문역(경성역=서울역)에서 신촌역을 경유하여 수색역으로 빠지는 오늘날의 경의선 노선이 새로 개통되면서 기존의 서강역을 경유하는 경의선은 폐지되었다가, 1929년에 서강역과 당인리역 구간을 새로 부설하면서 옛 경의선이 부활한 것이다.

이듬해인 1930년 12월에는 서강역에서 연희역을 경유하여 신촌역을 잇는 연결선이 새로 추가됨으로써 용산선은 순환선이 되었다. 용산역을 출발하여 원정－미생정－공덕리－동막－서강－세교리－방송소앞역을 경유하여 당인리역에 도착한 열차는 온 길을 다시 거꾸로 방송소역, 세교리역, 서강역까지 되밟아 간 다음 경의선 선로인 연희－신촌－아현리－서소문－경성역을 경유하여 다시 용산역으로 들어오는 경성순환열차가 운행되기 시

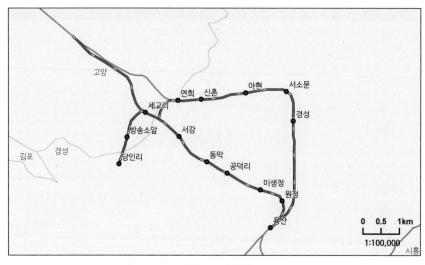

그림 82. 용산선

작한 것이다.

서강－세교리－방송소앞－당인리역 노선은 따로 당인리선으로 불리기도 했는데, 1975년에 여객 영업을 중지하고 1980년에 폐지되었다. 서강역은 오늘날 서강대역 부근, 세교리역은 홍대입구역과 와우교 사이, 방송소앞역은 어울마당로 79번지 일대로 추정된다. 선로까지 뜯겨진 옛 철길은 오늘날 '어울마당로' 전 구간과 거의 일치한다. 철로가 철거되기 전 철로변은 시장골목이었다가 지금은 '홍대앞 주차장길'로도 유명한 번화가가 되었다.

서강－연희－신촌 연결선은 1930년에 부설되었다가 1960년에 폐지되고, 궤도도 역시 제거되었다. 연희역은 연세대학교 정문 앞 길 건너편 부근에 있었다. 철거된 옛 철길이 당인리선과 마찬가지로 골목길로 남아 있으니, 곧 신촌로11길이다. 이 길이 주변의 길과 달리 곡선으로 유연하게 나아 있는 것이 바로 이 때문이다. 신 경의선 아현역은 오늘날 북아현치안센터 부근으로 추정되며, 서소문역은 서소문 근린공원 북쪽 끝, 서소문 고가차도 아래에 있었다.

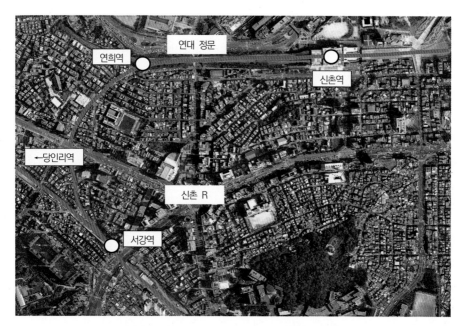

그림 83. 용산선의 옛 철길(서강역-신촌역 구간)

　결국 용산선은 최초의 경의선(용산-서강 구간)과 경성역 설치 이후의
경의선(용산-경성-신촌 구간)을 마치 지선처럼 연결하여 운행한 노선인
셈이다. 원 경의선 구간(용산-서강)은 2004년부터 수도권 전철화·지하화
사업에 따라 선로가 제거되고, 궤도가 놓여 있던 지상은 '경의선숲길공원'
이 되었다. 원정역은 오늘날 용산e편한세상 아파트(원효로 216) 단지 내에
있었던 것으로 추정되고, 미생정역은 1948년에 효창역으로, 2016년에 다시
효창공원앞역으로 이름을 바꾸면서 이어져 내려왔다. 공덕리역은 현재의
공덕역, 동막역은 대흥역(서울6호선) 부근으로 추정된다. 이들 모두 2000년
대까지 그 자취를 간직하고 있었는데, 경의선숲길공원화 사업 당시 그나마
있던 희미한 흔적도 사라졌다.
　1936년에 용산선은 모두 20편의 열차가 편성되었는데 각기 10편씩 서로
다른 반대 방향으로 운행하였다. 용산에서 시계방향(용산→원정)으로 도는

차편 중 위 경로를 따라 다시 용산으로 되돌아오는 차편은 1편, 용산에서 경성역까지 오는 것이 5편, 그리고 당인리역까지만 운행하는 것이 2편이었다. 나머지 두 편은 서강-당인리-서강 구간을 생략한 채 용산-서강-경성, 용산-서강-경성-용산으로 돌아오는 열차였다. 전체 역을 모두 들러 돌아오는 차편은 1시간이 소요되었다.

2) 북청선(1929, 덕성선)

함경선의 신북청역에서 북청읍의 북청역을 잇는 9.4km의 철도 노선이다. 중간에 양가역이 하나 더 있다. 1929년 9월 20일에 개통되었다. 1941년에 하루에 왕복 6편의 열차가 운행되었는데, 총 소요시간은 19분에 불과하였다. 1940년대에 철광 개발을 위해 연장 공사에 착수했으나 일본 패망으로 중단되었다가 1980년에 덕성군 덕성광산의 광물 수송을 위해 덕성철산까지 연장하고 이름을 **덕성선**으로 바꾸었다.

3) 함북선(1927-1929, 무산선)

1927년에 고무산-신참 구간을 협궤로 개통하고, 1929년에 무산역까지 연결하여 고무산과 무산 사이의 57.9km가 완전 개통하였다. 무산 지역의 철광석을 청진 제철소까지 운반하는 것이 주 임무였다. 경유역으로는 고무산-서상-무수-폐무산-차령-신참-서풍산-주초-무산철산-무산 등이 있었다. 1944년에 함경선의 지선으로 편입되면서 이름을 **무산선**으로 바꾼다. 현재 북한에서 함북선은 청진-회령-종성-온성-나진까지의 철도를 일컫는데, 일제시기의 함경선(1914-1928) 일부와 도문선(1924~1935)에 해당한다.

4) 옹진선(1930)

황해도 해주와 옹진 사이에 부설된 42.6km 철도 노선이다. 1930년 12월
에 개통하였다. 동해주－해주－서해주－문정－서석－취야－국봉－자양－
장둔－신강령－냉정－옹진역을 두었다. 하루 6편이 왕복했으며 총 소요시
간은 1시간 33분이다.

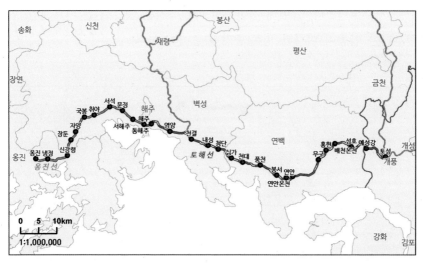

그림 84. 옹진선(1930)과 토해선(1932)

5) 경북선(1924－1931)

경상북도 김천에서 안동까지 118.1km를 연결하는 철도이다. 조선철도회
사에서 1924년 10월 1일 처음 김천－상주 간 36km 개통하였고, 차례로 같은
해 12월 25일에 상주－점촌 간 23.8km, 1928년 11월 1일 점촌－예천 간
25.5km, 1931년 10월 15일에는 예천－안동 간 32.8km를 완공하고 전 구간

영업을 개시하였다.

　1940년에 국유화된 후 전쟁 말기의 군수 물자 공출로 인해 1943년에서 1944년에 걸쳐 점촌-안동 간 58.3km 구간의 선로가 철거되었다. 1936년에 김천에서 아천-옥산-청리-상주-백원-양정-함창-점촌(59.8km)-용궁-개포-유천-예천-고평-호명-풍산-명동-안동역(118.1km)까지 하루 6편을 운행하였으며, 시간대에 따라 네시간 내외가 소요되었다. 이밖에 상주·예천행이 1편씩 더 있었다. 경북선에서 철거된 구간의 선로는 1966년에 재부설되었다. 그런데 김천에서 예천까지는 옛 노선을 따르지만, 예천부터는 안동이 아니라 영주(중앙선)를 연결한다.

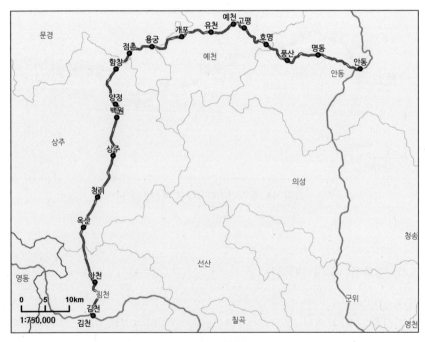

그림 85. 경북선

일제시기 한국 철도망의 확산과 지역구조의 변동

6) 토해선(1932)

경기도 개풍군 토성과 황해도 해주 사이의 81.5km를 연결한 협궤 철도 노선이다(그림 84). 1931년 12월 21일에 동해주-연안, 1932년 9월 1일에 연안-토성이 개통되었다. 1941년에 하루 10편의 열차가 왕복했으며 총 소요 시간은 2시간 30분 가량이다. 토성과 해주 사이에는 예성강-성호-배천온천-홍현-무구-연안온천-연안-봉서-풍천-천대-심가-청단-내성-천결-영양-동해주 등의 역이 있었다.

7) 송흥선(1933)

함흥역의 부전호반역을 연결하는 91.6km의 협궤 철도이다. 1933년 9월 10일 개통하였다. 부전강수력발전소까지 잇는 산업철도로서 전력은 물론 개마고원 개발을 염두한 철도이다. 부전령-부전호반 구간에는 남한에서 사라진 인클라인 시설이 남아 있다.

함흥역에서 오로역까지는 1934년에 장진선으로 편입된 듯하다. 오로역에서 부전호반역까지 철로 연장은 73.9km이다. 1941년에 송흥선은 함흥-오로(17.7km)-중상-풍상-장풍-풍상-전동-천불산-신흥(41.0km)-길봉-동흥-경흥-송하-하송흥-

그림 86. 송흥선

송흥(61.0km)-부전령-함지원-원풍-도안-부전호반역까지이다. 함흥
역에서 출발하여 부전호반역까지 운행하는 차편은 두 편이 있었는데 함흥
에서 6:10에 출발하면 오로역에 7:50에, 부전호반역에 14:11에 도착, 8시간이
소요되었다.

8) 수인선(1937)

조선경동철도회사가 인천 일대의 소금 수송을 목적으로 부설한 협궤 철
도 노선이다. 수인선은 1937년 8월 6일 남인천역에서 수원역까지 영업을
개시하였는데, 남인천-송도 구간은 도시 개발과 함께 1973년 일찍이 영업
이 중지되었고, 송도-소래는 1992년에, 그리고 소래-수원은 1994년에 영
업이 중지되었다. 남한에 가장 늦게까지 남아 있던 협궤 열차로 유명했지
만, 이로써 수인선은 완전 폐선이 되었다. 폐선이 된 이후에도 소래역과 군
자역 사이에 남아 있던 소래철교는 소래포구를 낭만적인 관광어촌으로 변

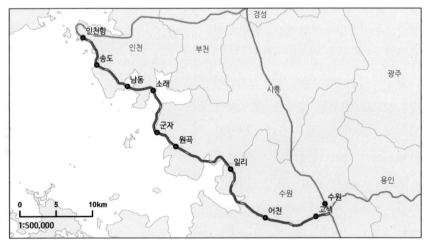

그림 87. 수인선

모시키는데 가장 큰 역할을 담당한 일등공신이었다.

1941년 수인선의 역으로는 인천항-송도-남동-소래-군자-원고-일리-어천-고색-수원이 있었다. 하루에 6편이 왕복 운행하였으며 소요시간은 1시간 40분 내외였다. 수인선은 2004년 전철화 논의가 시작되어 2012년에 송도역과 오이도역(수도권 전철 4호선 종점)이 연결, 운행이 재개되었고, 2016년에는 인천-송도 구간이 완공되었다. 2018년 수원역까지 전 구간 완공을 목표로 하고 있다. 새 전철 노선은 원래 수인선 노선과 크게 다르지 않다.

9) 장연선(1937, 사장선, 은파선)

조선철도주식회사가 1920년 6월에 착공하여 1937년 1월 21일 완공한 사리원-장연 간 81.8km 협궤 철도 노선이다. 황해 서부의 재령평야와 철도 연선 일대 지역의 산업 개발을 목적으로 부설된 산업철도로, 사리원과 장

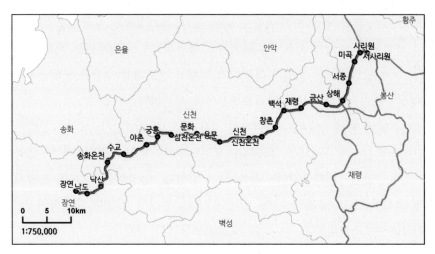

그림 88. 장연선

연을 연결하여 사장선으로도 불렸다. 1941년에 장연-낙도-낙산-송화온천-수교-야촌-궁흥-삼천온천-문화-용문-신천-신천온천-창촌-백석-재령-금산-상해-서종-미곡-서사리원-사리원을 운행하였다. 장연에서 5:00에 출발하는 첫차를 타면 신천에 6:29, 상해에 7:20, 사리원에 7:48에 도착하였다.

10) 동해북부선(1937)

강원도 양양에서 안변까지 192.6km에 달하는 철도이다. 1929년 9월 11일 안변-흡곡 간 31.4km, 1931년 흡곡-통천 간 29.6km, 1932년 5월 21일 통천-두백 간 14.7km, 1932년 두백-장전(17.5km)-외금강(7.8km) 구간, 1932년 11월 1일 외금강-고성 간 10.4km, 1935년 11월 1일 고성-간성 간 39.3km, 1937년 간성-양양 간 41.9km를 개통함으로써 전 구간이 개통되었다.

한국 전쟁으로 영업이 중단되었다가 휴전 후 1953년 7월 운행이 재개되었으나 1963-1968년 동안 전 구간 폐지되었다. 이후 선로가 철거되었지만, 철교 교각 등의 옛 흔적이 지금도 남아 있다. 동해북부선은 통일을 대비하여 경원선과, 그리고 속초역을 복원하고 경춘선과도 연결하려는 계획이 있다. 현재 남한에서는 동해시 북평역과 강릉시 경포대역 구간을 동해남부선(부산-포항)에 대비하여 동해북부선이라 부른다.

1941년에 양양역에서 원산여까지 경유 역으로는 낙산사-속초-문암-간성-거진-저진-고성-외금강-장전-두백-통천-고저-패천-흡곡-상읍-안변-배화-갈마-원산 등이 있었다. 양양역을 10:10에 출발하면 고성에 12:35, 통천에 14:09, 안변에 15:59, 원산에 16:29에 도착하여 6시간 19분이 소요되었고, 더 늦는 것은 8시간까지 걸렸다.

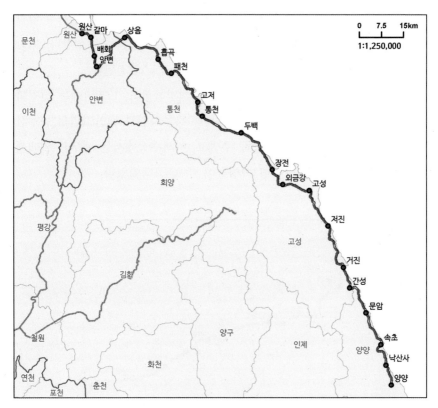

그림 89. 동해북부선

11) 혜산선(1937, 백두산청년선)

함경북도 길주와 혜산 사이에 부설된 길이 141.7km의 철도 노선이다.
1931년 5월 길주－수북 간 제1공구 공사를 시작으로 길주－재덕 간 26.2km
를 1932년 12월에 개업하였고, 1933년에 재덕－합수(31.0km), 1934년에 합
수－백암(12.8km), 1935년에 백암－봉두리(29.7km), 1937년 11월에 봉두리
－혜산진(42.0km) 구간을 차례로 개업하여 전 구간 개통하였다.

1941년에 길주－남석－재덕－성덕－양곡－합수－백암(70.0km)－영하－
남중－생장－봉두리－심포리－대오천－위연－혜산진을 운행하였다. 총

소요시간은 6~7시간 가량이었다. 본 노선은 함경선을(길주역) 압록강 연안까지 이어주는 철도로 함경도의 횡단 철도와 같은 기능을 수행한다. 백암에서는 백무선과 만나 고원지대 및 만주지역과도 연결된다.

해방 직후 북한에서 백두산청년선으로 개명하였고, 1978년에는 전철화되었다. 백두산 및 개마고원 일대의 임산·광물자원과 해안지역의 농수산물 및 공업제품 등을 서로 수송해 주었고, 여객수송에서는 백두산 일대를 여행하는 여행객 및 수학여행 학생들이 주요 고객이었다.

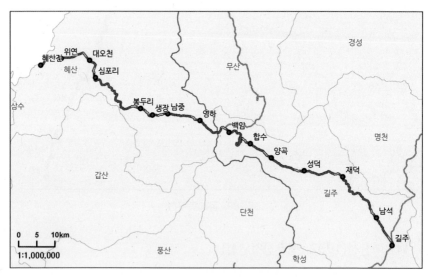

그림 90. 혜산선(백두산청년선)

$$04$$

\

1945년까지의 철도망

1) 중앙선(1938~1942, 경경선, 경경북부선, 경경남부선)

경경선(京慶線)은 경경북부선과 경경남부선이 합쳐진 것이다. 그런데 1935년에 청량리역에서 양평－원주－안동을 경유하여 영천에 이르까지 345.2km의 제2종관철도 부설 계획을 세울 때는 노선명을 중앙선이라 하였고, 이듬해부터 청량리와(1936.11.3) 영천에서(1936.12.18) 각기 남북 방향으로 공사를 시작하였다.

1938년 12월 1일에는 기존 동해중부선(1928, 영천－경주－포항/울산) 중에서 영천－경주 구간을 따로 떼어 **경경남부선**으로 이름을 바꾸고, 처음으로 영천－우보 구간 40.1km를 개통하였다. 한편 5개월 후인 1939년 4월 1일에는 청량리－양평 간 52.5km을 개통하면서 이름을 **경경북부선**이라 하였다. 차례로 1940년에 우보－안동 간 48.9km와 양평－원주 간 55.9km, 그리고 죽령터널을 준공하고, 1941년에는 원주－단양 간 74.3km와 영주－안동 간 38.7km 공사를 마무리하고, 이때 이름을 경경선으로 바꾸었다. 1942년 4월 1일에는 마지막 남은 소백산맥을 관통하는 단양－영주 간 34.8km를 개통함으로써 경경선 전 구간이 개통되었다. 경경선은 해방 직후 1945년 10월 1일에 애초의 계획대로 중앙선이 되었다.

1941년 경경남부선은 경주-율동-모량-건천-아화-임포-영천-화산-신녕-봉림-화본-우보-탑리-의성-단촌-운산-무릉-안동까지 131.5km, 경경북부선은 동경성-망우-도농-덕소-팔당-양수-국수-양평-원덕-용문-지평-구둔-양동-양현-동화-만종-원주까지

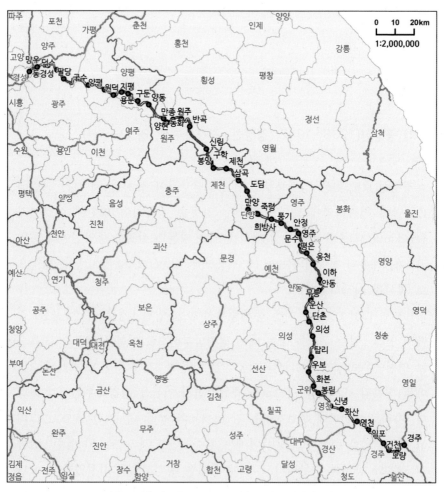

그림 91. 중앙선(경경선, 경경북부선, 경경남부선)

108.4km를 운행하였다. 동경성에서 원주까지는 3시간 30분 내외, 안동에서 경주까지는 4시간가량이 걸렸다.

동경성－원주 간 경경북부선 열차는 상하행 모두 각기 하루에 5편이 운행하였다. 안동발 경주행 열차는 하루에 5편이 있었고, 대구에서 출발한 열차가 영천을 경유하여 경주로 가는 차편이 또 5편이 더 있었다. 이 배차는 경주에서 출발하는 상행선도 마찬가지였다. 즉 경주에서 출발하는 열 편의 열차 가운데 5편은 대구로, 다른 5편은 안동이 종점이었다. 동경성역은 1942년 6월 1일 이름을 청량리역으로 바꿨다. 2005년 청량리－덕소 구간을 시작으로 2017년 현재 지평역까지 전철화되었고, 이 전환 과정에서 일부 옛 철길은 궤도를 제거하고 자전거길로 이용하고 있다.

2) 평덕선(1937, 평양탄광선, 서선선)

평덕선은 평양에서 평안남도 덕천을 지나 평안북도 구성까지 연결되는 철도이다. 1911년 4월 대동강－승호리 구간을 완공하고 **평양탄광선**, 1937년 7월 승호리－북창 구간을 완공하고 **서선선**(西鮮線)이라 하였는데, 이 두 노선을 합쳐 165.1km를 **평덕선**이라 하였다. 평안남도 탄전지대를 통과하는 산업철도로 사동선 · 영대선(원창－영대) · 재동선(구정－재동) · 득장선(북창－석산) · 서창선(덕천－서창) · 장산선(향장－장산) 등 탄광인입선들과 연결되어 있다. 평양 · 북창 등지로 수송되는 석탄과 목재가 가장 중요한 수송 화물이다.

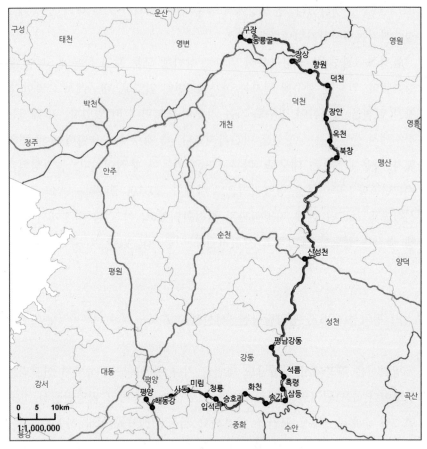

그림 92. 평덕선(서선중앙선)

3) 경춘선(1939)

1939년 7월 25일 개통된 성동역－춘천역 간 88.6km의 철도이다. 성동역은 현재 전철1호선 제기역 2번 출구 부근에 있었다. 1941년에 성동－연촌－퇴계원－금곡리－마석－청평－가평－춘천역을 운영하였는데, 개업 당시에는 고성전·월곡·묵동·태릉·갈매·평내·상색·서촌·강촌·의암 등의 정류소와 사릉·상천 간이역, 그리고 백양리·신남·성산역 등이 더

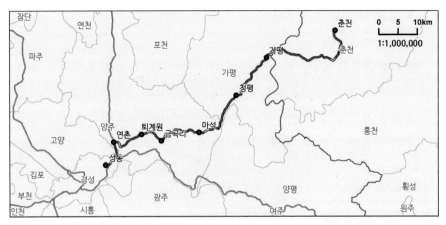

그림 93. 경춘선

있었다. 신남역은 1940년 4월 1일에 남춘천역(김유정역, 2004.12.1)으로 이름
을 바꾸었고, 묵동정류소는 1944년 3월 31일에 신공덕역으로 승격하였다.

　1941년에 성동에서 경춘선을 운영하는 차편은 춘천행이 7편, 퇴계원행이
2편, 금곡리행이 1편으로 모두 열 편이 운행되었다. 춘천행 첫차는 7:30이
고 춘천역까지는 2시간 52분이 소요되었다. 반면 춘천역에서 출발하는 열
차 열 편은 모두 성동행이었는데, 18:40에 막차를 타면 21:25에 성동에 도착
하였다. 성동발 춘천행 막차는 18:50, 춘천발 성동행 첫차는 7:00이다. 처음
에 경춘철도주식회사의 사설철도로 개통된 경춘선은 1946년에 국유화되었
고, 2010년에 전 구간 전철화 되어 수도권 전철로 편입되었다.

　경춘선은 북한강 수운을 몰락시키는데 결정적 요인으로 작용하였다. 조
선시대로부터 특히 목재를 서울로 운반하는 것이 북한강 수운의 주요 역할
이었는데, 이를 경춘선이 대체하면서 급격히 쇠퇴하기 시작하였다. 더구나
1944년 청평댐이 완공되면서 하류 지역에서의 뗏목 운행은 자취를 감추었
고, 북한강 본류와 소양강 상류역에서 벌채된 목재가 춘천까지 뗏목 형태
로 이동한 후 경춘선에 실려 서울로 올라왔다.

4) 만포선(1931-1939)

1939년 개통된 순천-만포 간 303km의 철도이다. 일본 만주 침략을 목적으로 부설한 철도였으나 지금은 묘향산 관광철도로 유명하다. 1941년에는 순천에서 서포를 경유하여 평양까지 연장하여 운행하고 있었다. 평양에서 만포까지는 358.3km로, 평양·서포·순천·개천·희천·강계·만포 등 모두 44개의 역이 있었다.

1931년 3월 순천에서 착공하여 1932년 11월 천동(天洞) 사이가 개통되었고, 1934년 4월 용등(龍登)까지, 1939년 2월에 전 구간이 개통되었다. 같은 해 9월 28일 국경을 가로지르는 만포교가 준공되어 압록강 너머지린성 지안(集安)을 거쳐 창춘(長春)까지 이어지는 중국의 메이지(梅集)선과 연결된다.

만포행 철도는 평양과 순천에서 각기 1편씩 출발하였다. 가장 긴 노선은 평양에서 08:50에 출발하여, 순천에 10:21, 개천에 11:26, 희천에 13:17, 강계에 17:43, 그리고 만포에 11시간을 달려 19:05에 도착하였다. 순천에서는

그림 94. 만포선

평원선(평양 – 원산), 개천에서는 개천선, 강계에서는 강계선과 연계된다. 만포선은 평안북도 동부 산악지대를 관통하는 철도로서 내륙의 자원개발을 본격화시켰으며, 압록강 수운으로 운반하던 목재를 제재 후 각지로 운반하는 철도이기도 하였다.

5) 다사도선(1939)

양시선(=평의선)의 용천역과 다사도항을 잇는 1939년 11월에 개통된 24.1km의 철도이다. 1941년에 기점은 양시였고 종점은 서다사도였다. 중간

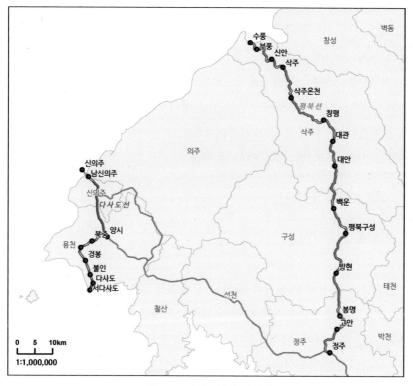

그림 95. 다사도선과 평북선

에 북중역, 용암포역, 경봉역, 불인역, 다사도역 등이 있었다. 양시에서 다사도행 첫차는 10:00에 출발하여 10:52에 다사도역에 도착하였고, 12:45에 출발하는 열차는 서다사도역에 13:32분에 도착하여 47분이 소요되었다. 하루에 6편이 운행하였는데 서다사도에서 출발하는 열차는 모두 양시를 지나 신의주까지 운행하였다.

6) 평북선(1939)

평안북도 정주(경의선)에서 삭주군의 수풍까지 연결하는 116.7km의 철도이다. 1939년에 산업철도로 개통되었다. 압록강의 수풍발전소와 연결되며, 청수역에서는 중국의 상허커우선이 연결되어 있다. 이른바 적유령 산맥의 서쪽 사면의 지질구조선을 따라 철로가 놓여 있다.

1941년에 정주-고안-봉명-방현-구성-백운-대안-대관-창평-온천-삭주-신안-부풍-수풍역을 운영하였다. 정주에서 7:00에 출발하는 첫차를 타면 구성에 8:40, 삭주에 11:22, 수풍에는 근 5시간 만인 11:55에 도착하였다. 하루 세 편이 왕복 운행하였다.

7) 단풍선(1939)

함경남도 단천군 단천역과 풍산군 홍원역을 잇는 80.3km의 철도 노선이다. 단천군과 풍산군을 잇는다하여 단풍선으로 부른다. 1939년 9월에 개통되었는데, 1941년에 단천-동대-상농-농촌-고성-수의-포치리-하홍군-홍군역을 운영하였다. 단천역에서 8:10 첫차를 타면 홍군역까지 9개 역, 80.3km를 2시간 50분 걸려 11:00에 도착하였는데, 같은 시기 경부선 경성역

에서 8시 15분 완
행 열차를 타면
성환역까지 16개
역, 85.0km를 2시
간 8분 걸려 10시
23분에 도착하였
다. 단천에서 풍
산까지 급경사를
다녀야했기 때문
에 운행 속도가
느릴 수밖에 없었
다. 운행 편수도
길지 않은 거리임

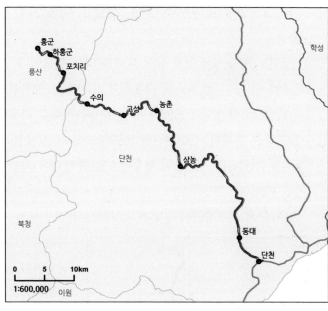

그림 96. 단풍선

에도 하루에 왕복 네 편밖에 안됐다.

8) 화순선(1942)

1942년 10월 전라남도 화순과 복암 사이에 부설된 11.1km의 사설 철도이
다. 무연탄산지인 화순광업소와 광주선(경전선)을 잇는 산업철도로 부설되
었다가 1986년 11월 1일 대한석탄공사의 전용철도가 되었다. 1934년부터
채굴을 시작한 화순탄전은 탄질이 좋은 편은 아니지만 지금도 화순광업소
에서 꾸준히 채굴하고 있다. 화순역(경전선), 남화순역, 장동역, 복암역 네
역이 있었는데, 석탄 수송을 위해 화물열차만 다닐 뿐 순역을 제외한 세
역은 모두 폐역되었다.

9) 삼척철도선(1940~1944, 철암선, 영동선)

강원도 강릉 묵호항과 삼척 도계를 잇는 철도이다. 1940년 삼척철도주식회사가 이 구간 41.4km를 개통하고 노선명을 **삼척철도선**으로 한 듯하고, 1944년에는 산간지역 도계에서 철암까지 철로를 연장한 후 이름을 **철암선**으로 바꾼 듯하다. 1963년 5월 20일에 기존의 철암선, 영암선(영주-철암), 동해북부선(묵호-강릉)이 **영동선**으로 통합되어 지금은 영동선의 일부 구간이 되었다.

1941년에 묵호항역에서 북평-도경리-미로-상정-신기-마차리-하고사리-고사리역을 경유하여 도계역까지 하루에 3편씩 왕복 운행하였는데, 상하행 모두 약 2시간 가량 소요되었다. 도계-철암 구간에는 유명한 스위치백(switchback) 시스템 철로가 있었지만, 2012년에 솔안터널을 개통함으로써 구 철로는 폐선이 되었다. 스위치백 시스템은 나한정역-흥전역-심포리역 사이에서 차량이 전진과 후진을 반복하여 경사를 극복하는 방식이다. 새로 뚫은 솔안터널도 루프식(똬리굴) 터널이다. 애초에 석탄과 석회암 등의 광물 자원 수송을 위해 광산(탄전)과 항구를 연결한 산업철도로 기획되었지만, 이 기능은

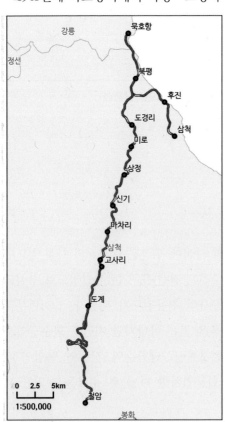

그림 97. 삼척철도선과 삼척선

1980년대까지였던 것 같다. 지금은 관광철도로 더 유명해졌다.

10) 삼척선(1939~1944)

1944년에 개통한 북평역과 삼척역 사이의 12.9km의 철도 노선이다. 중간에 후진역이 하나 있었다. 2007년부터는 강릉-삼척 간 '바다열차'가 1일 3~4회 운행하고 있다. 삼척선 구간에 현재는 동해역, 추암역, 삼척해변역, 삼척역 등 네 역이 있다. 동해역은 1984년에 기존의 북평역이 이름을 바꾼 것이고, 추암역은 1999년에 신설된 것이며, 삼척해변역은 2003년에 후진역이 이름을 바꾼 것이다. 삼척선은 오노다(小野田) 시멘트 삼척 공장의 인입선 역할을 하기도 하였는데, 1939년에 착공하였다.

11) 황해본선(1944, 내토선, 토해선)

1945년 당시 황해선은 황해본선, 토해선, 옹진선, 장연선, 내토선, 하성선, 정도선으로 구성된 총 연장 323.4km의 철도선이었다. 1941년 시각표에 따르면 황해선은 사리원-내토-하성-해주를 운영했는데, 황해선과 내토선, 하성선을 경유한 것이다. 사리원역을 출발하여 서사리원-미곡-서종-상해-광탄-석탄-화산역까지 운행한 다음, 여기서 연결되는 지선으로 접어들어 내토역을 들르고, 내토역에서 다시 화산역으로 나와 본선을 운행했다. 즉 화산역으로 다시 나온 열차는 장수산-미력-신원역으로 이어졌는데 신원역에서 앞과 마찬가지로 지선으로 연결된 하성역을 들러 나왔다가 염탄-신주막-학현-동해주를 거쳐 해주역에 도착하였다.

전 역을 다 경유하는 열차는 7편 중 2편이 있었고, 이때 총 운행거리는

88.7km(사리원-해주 직통거리는 73.3km), 운행시간은 2시간 30분이 소요되었다. 1930년 11월 12일에 조선철도 소속으로 사리원-동해주 구간이 처음 개통되었고, 1944년 10월 1일에는 사리원역과 하성역의 구간이 황해본선의 이름으로 개통되었다.

12) 백무선(1932~1944)

함경북도 무산과 백암 사이에 건설된 협궤 철도이다. 1932년 11월에 착공하고, 1934년 9월 백암-산양대 간 33.8km, 1935년 9월 산양대-연암 간

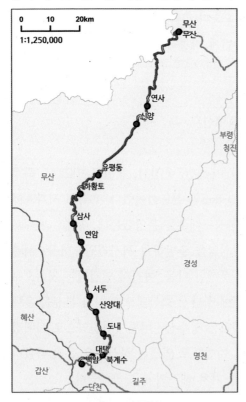

22.1km, 1936년 10월 연암-유평 간 44.6km가 개통되었다. 1941년에 백암을 출발한 열차는 대택-부계수-도내-산양대-서두-연암-삼사-하황토-유평동-신양을 거쳐 연수까지 137.5km를 운행하였다. 여기까지는 근 9시간이 소요되었다. 1944년 12월에는 연수에서 무산까지 개통됨으로 백암-무산 전 구간이 완공되었다. 삼림자원 수송이 중요한 부설 목적이었다. 백암에서는 혜산선과 무산에서는 무산선과 연결된다.

그림 98. 백무선

7부

이런저런 철도 이야기

01

\

궤도의 너비가 다르다

　철로의 간격, 즉 궤폭이 1.435m인 궤도를 국제적으로 표준궤라 하고, 이보다 좁은 것을 통칭하여 협궤(狹軌), 넓은 것을 광궤(廣軌)라 한다. 사실 표준궤는 나라마다 별도의 기준을 갖고 있지만 세계 철도의 70%가 이를 채택하고 있다. 현재 사용되고 있는 협궤로는 1.067m, 1.372m, 1.000m, 0.891m, 0.762m, 0.610m 등 다양하다. 이중 한국의 협궤는 대체로 0.762m짜리였다.

　협궤를 사용하는 이유는 표준궤보다 비용이 적게 들고 부설이 더 용이하기 때문이다. 이에 이용객이 적거나 지형 조건이 불리한 산악 지대나 탄광에서 잘 채택되었으며, 역사적으로는 각지의 식민지에서 범용되었다. 협궤는 오늘날에도 세계 여러 지역에서 볼 수 있다. 그간 한국에서는 0.610m, 0.762m, 1.067m 협궤가 사용되었다.

　0.610m(2ft) 궤는 협궤 중에서도 좁은 궤도에 속하기 때문에 주로 산림 개발을 위해 부설하는 산림철도에서 사용된다. 한국에서는 유일하게 부산경편궤도주식회사가 1909년에 부산진 ─ 동래온천 간 노선을 부설할 때 이를 채택한 적이 있다. 그러나 1912년에 운영권을 한국와사전기주식회사에서 인수하면 궤도를 0.762m(2.5ft) 궤로 개수하였으니, 한국철도사에서 이

궤도가 사용된 것은 불과 3년이었다.

이 회사는 1915년에 부산에 전차를 도입하면서 1.067m 궤를 채택하는데, 기존의 부산진-동래온천 기관차 노선 또한 이에 편입되면서 궤도가 1.067m로 한 번 더 바뀌었다. 부산전차는 시내버스의 속도와 외곽으로의 노선 확장을 이기지 못하고 1968년에 폐지되었지만, 한국에서 사용된 적이 있는 궤도를 6년 만에 다 경험한 유일한 노선이기도 하다.

1.067m(3.5ft) 협궤는 주로 도시 내 전차 궤도로 사용되었다. 이 궤도를 처음 사용한 것은 1898년에 착공하여 이듬해 1899년 5월 17일에 개통한 서울전차(경성전차, 1899~1968)이다. 이밖에 부산전차(1909~1068), 경성궤도(1930~1961, 동대문-뚝섬), 함평궤도(1927~1960, 당시 학교역(현재의 함평역)-함평역), 평양전차(1923~1951?) 등이 모두 이 궤도를 사용하였다. 협궤는 해방 전에 대부분 표준궤로 개궤되는데, 전차 궤도는 해방 후에도 유지되었다. 한국에서 노면 전차는 1968년 이후에 모두 사라져 전무한 실정이다.

한국에서도 많은 철도가 협궤로 건설되었다. 부언하지만 이들의 궤폭은 0.762m이고, 우리가 잘 아는 노선이 1994년까지 운행했던 수인선이다. 이밖에 경동선(동해남부서, 대구선), 도문선, 백무선, 송흥선, 수려선, 옹진선, 장진선, 전라선 일부, 토해선, 함경선 일부, 함북선(무산선), 해주선(황해청년선), 흥남선 등이 협궤로 건설되었고, 이중 일부는 해방 전에 표준궤로 바뀌었다.

해방 직전까지 협궤로 운영되었던 노선은 남쪽부터 조선철도주식회사의 수인선·수려선·황해선, 신흥철도주식회사의 흥남선·장진선·송흥선 등의 사설철도와 국유철도 백무선뿐이었다. 일제는 초창기부터 중국 침략을 염두하였기 때문에 궤간을 중국과 맞추려 하였다. 따라서 주요 간선철도는 물론 이에 접속하는 지선이나 횡단선(교량선) 등도 대부분 표준궤로 부설되었다.

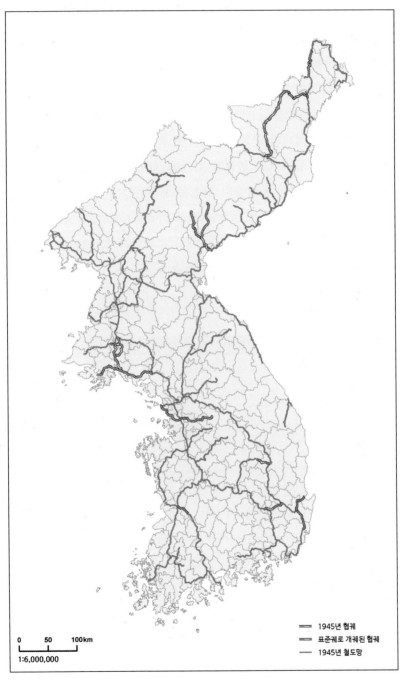

の凡例:
1945년 협궤
표준궤로 개궤된 협궤
1945년 철도망

0   50   100km
1:6,000,000

그림 99. 협궤 철도망

당시 조선의 경제 수준이 이에 부합하지 못했음에도 협궤 노선이 표준궤에 비해 현저하게 적은 것도 이러한 이유 때문이다. 이에 협궤 철도는 주로 재정 여건이 더 열악한 사설철도를 중심으로 건설되었다. 반면 조선총독부는 일정 부분 표준궤를 강요하였고, 실제 어쩔 수 없이 표준궤를 선택한 철도회사는 영업 적자의 근본적인 원인으로 표준궤가 자주 거론되었다.

남한에서 가장 늦게까지 협궤를 유지한 철도는 수인선이다. 수인선은 1937년에 인천역에서 수원역까지 영업을 개시하였는데, 인천역에서 송도역 구간은 도시 개발과 함께 1973년에 영업이 중지되었고, 송도역에서 소래역까지는 1992년에, 그리고 소래역에서 수원역까지는 1994년에 영업이 중지되면서 남한에서 협궤 열차가 사라졌다.

표 6. 주요 표준궤 개궤 현황

개통	노선	국철화	개궤	철도회사	비고
1914	전라선	1927	1931	전북철도주식회사	이리-전주
1917~18	대구선	1928	1939	조선철도주식회사	경경선
1919~27	동해남부선	1928	1939	조선철도주식회사	경경선
1927~29	무산선	1944	1940	조선철도주식회사	함북선
1924	도문선	1929	1933	도문철도주식회사	

처음에 협궤로 건설되었다가 해방 전에 표준궤로 바뀐 일부 노선들도 있다. 전북철도(주)가 1914년에 개통한 전라선의 일부 이리-전주 구간이 1931년에, 조선철도(주)가 1918년에 개통한 대구선(대구-영천)과 1921년에 개통한 동해남부선(울산-포항)이 1939년에, 같은 회사가 1929년에 개통한 무산선(무산-고무산)이 1940년에, 그리고 도문철도(주)가 1924년에 개통한 도문선 일부(상삼봉-동관)가 1933년에 협궤에서 표준궤로 개궤되었다.

위 노선들은 모두 사철로 출발했지만, 전라선이 1927년, 대구선과 동해남부선이 1928년, 도문선이 1929년 그리고 무산선이 1944년에 국철화되었

으며, 무산선을 제외하면 이들 모두 표준궤로 개궤되기 전에 먼저 국유화
되었다는 공통점을 갖고 있다. 즉 조선의 철도 경영이 1925년 만철(滿鐵,
남만주철도주식회사)의 위탁 경영에서 조선총독부의 직영으로 환원되면서
사철의 국철화에 이어 협궤의 표준궤화가 점차 강화되고 있었다.

〈표 7〉은 1945년 8월 15일 기준으로 운행 중이던 협궤 열차 노선을 나타
낸다. 남부지방에서 협궤는 모두 표준궤로 개수되었고 북부지방의 무산선
과 도문선을 제외하고 모든 협궤 철도가 그대로 유지되었음을 알 수 있다.
백무선은 매우 험준한 지형을 극복하고 건설한 산림철도이고 신흥철도회
사선 역시 부전강 상류지역의 전력개발과 고원지대 개발을 위한 산업철도
였다. 이밖에 황해선과 조선철도회사선은 서부 저지대를 동서로 관통하는

표 7. 해방 당시의 협궤 철도선

노선명	구간노선명	기점	종점	거리(km)	운영
황해선	토해선	토성	해주	81.7	국철
	옹진선	해주	옹진	40.4	국철
	장연선	사리원	장연	81.9	국철
	사해선	삼강	해주부두	68.1	국철
	내토선	화산	내토	2.1	국철
	하성선	신원	구하성	5.5	국철
	정도선	동포	정도	2.0	국철
만포선	개천선	개천	신안주	29.5	국철
백무선		백암	무산	191.6	국철
백두산삼림철도		위연	신무성	93.6	국철
조선철도회사선	경동선	수원	여주	73.4	사철
		수원	인천항	52.0	사철
	경동선	여주	점동면	16.0	사철
	춘양선	내성	춘양	20.9	사철
신흥철도회사선	장진선	함흥	사수	75.6	사철
	송흥선	오로	부전호반	74.6	사철
		풍상	장풍	2.3	사철
	흥남선	서함흥	서호리	18.5	사철
		구룡리	부두	2.1	사철

자료 : 財團法人 鮮交會, 『朝鮮交通史』 一, 1986, 4~7쪽.

철도 인근 지역의 농산물 및 방직물 수송에 중요한 철도였다. 산악지대가 광범하게 펼쳐져 있는 북한은 해방 후에도 협궤를 부설하였다. 지금도 유지되고 있는지는 정확히 알 수 없지만, 신흥선 일부, 장진선, 흥남선, 강계선, 운산선, 백무선, 백두산림철도선, 삼지연선 등이 해방 후에 건설되었다.

02

민간 회사가 만든 철도들

사철(私鐵)이란 사유 철도 또는 사설 철도를 줄여 말한 것이다. 개인이나 특정 회사가 철도를 부설하고 여객 및 화물 수송을 통해 영업 이익을 창출하는 철도를 일컫는다. 반면 국철(國鐵)이란 철도의 소유권과 운영권이 국가에 귀속되어 있는 철도를 일컫는다. 한국에서는 일제시기에 사설 철도가 전국적으로 운영되고 있었으나 해방 후 미군정기 1946년에 공포된 '조선철도통일령'에 의거하여 일괄적으로 국유화되었다. 한편 국가 이외의 특정인이 특수 사업을 위해 비영리로 운영하는 철도를 전용철도라고 한다.

개항기 시작된 한국의 철도는 일본 또는 미국 등의 해외 자본에 의한 민간 철도로 출발하였다. 초창기에 건설된 경인선과 경부선도 처음에는 일본 회사에 의해 건설·운영되다가 1906년에 국철이 되었다. 합병 이후에는 일본의 경편철도 건설이 러시를 이루었다. 이때 일본인 지주나 자본가가 협궤를 기본 궤간으로 삼아 다수의 사설 철도를 운영하였으나 대부분은 자체적으로 충분한 수익을 내지 못하고 정부의 보조금으로 유지하는 상황이었다.

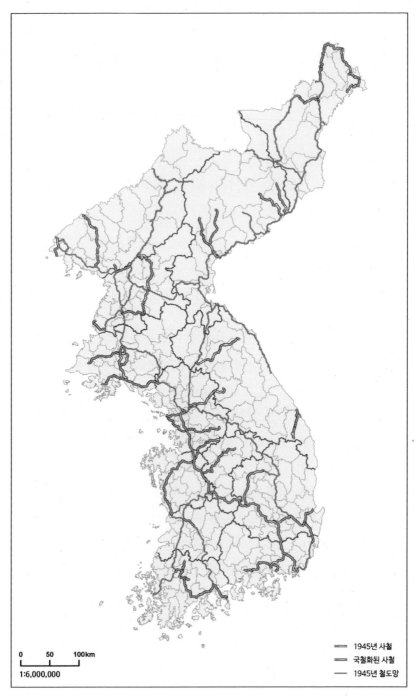

그림 100. 사설 철도망

범례:
- 1945년 사철
- 국철화된 사철
- 1945년 철도망

0   50   100km
1:6,000,000

일제시기 한국 철도망의 확산과 지역구조의 변동

1920년대에는 조선총독부가 철도를 직영하는 정책을 시행함에 따라 많은 사철이 국철로 인수되었고, 표준궤로 건설된 국철과 연계·운영하기 위하여 사철의 협궤가 표준궤로 개궤되기도 하였다. 그럼에도 사설 철도의 건설은 1920년대 국유화 정책 이후에도 계속되었다. 이 기간의 사철은 비교적 안정적인 기반 위에서 건설되었는데, 장연선·충북선·광주선·충남선·경전선·경북선·금강산선·도문선·안성선·무산선·용산선 등이 1920년대에 건설되었으며, 도시 내 전차 노선 역시 이 시기에 가장 활발하게 건설되었다.

1930년대는 사철 건설이 가장 왕성했다. 경북선·경춘선·전라선·경전선·금강산선·다사도선·단풍선·도문선·평덕선·송흥선·수려선·수인선·옹진선·장연선·장진선·충남선·토해선·평북선·평안선·해주선 등이 1930년대에 개통한 노선들이다. 일부 사철은 태평양전쟁 막바지에 선로공출명령에 의해 철로가 제거되기도 하였지만, 1937년 발발한 중일전쟁과 이어진 전시동원체제 상황에서도 꾸준히 건설되었다. 전쟁은 군수 물자 조달을 위해 광물이나 목재 수송을 위한 산업철도도 필요했던 것이다.

사철 건설이 조선총독부는 식민지배 초기부터 재정적 어려움에 시달렸기 때문에 철도 부설에서도 사적 자본의 투자를 유도해 왔다. 그러나 기간산업에 해당하는 철도 산업은 기본적으로 부설 기간이 길고 건설 비용이 적지 않음에도 불구하고 이윤 창출을 장담할 수 없다는 위험 요소를 안고 있다. 이에 초기에 자본가들의 투자는 부진했고, 총독부의 보조금 배당을 보장받은 이후에야 비로소 사철 건설이 활성화 될 수 있었다. 결국 재정 불안으로 인해 조선에서는 간선철도망조차 사설 철도로 건설되었으며, 해방 직전까지도 국철 일원화에 실패하였다. 1945년 8월 15일 현재 운영 중이거나 건설(계획) 중인 사설 철도 현황은 〈표 8〉과 같다.

표 8. 해방 당시의 사설 철도선

노선명	구간노선명	기점	종점	표준궤 (km)	협궤 (km)	비고
조선철도회사선	충북선	조치원	충주	94.0		
		충주	영월	83.6		
	경동선	수원	여주		73.4	수려선
		수원	인천항		52.0	수인선
		여주	점동면		16.0	
	춘양선	내성	춘양		20.9	
	개업선 계			219.4		
조선경남철도회사선	충남선	천안	장항잔교	144.2		
	경기선	천안	안성	28.4		안성선
		안성	장호원	41.4		
		장호원	원주	46.0		
	개업선 계			172.6		
경춘철도회사선	경춘선	성동	춘천	93.5		
서선중앙철도회사선	평덕선	신성천	북창	36.1		
		구장	재동	4.4		
		북창	장상리	32.0		
	개업선 계			40.5		
조선평안철도회사선	평안선	진남포	용강온천	34.7		용강선
평북철도회사선(평북선)	평북선	정주	압록강중심	121.6		
		부평	수풍	2.5		
		부풍	수풍호안	4.1		
	개업선 계			128.2		
다사도철도회사선	다사도선	양시	다사도항	24.1		
경성전기회사금강산전철선	금강산선	철원	창도	67.6		
		창도	내금강	49.0		
원산북항회사선		문천	원산북항	10.3		
신흥철도회사선	장진선	함흥	사수		75.6	
	송흥선	오로	부전호반		74.6	
		풍상	장풍		2.3	
	흥남선	서함흥	서호리		18.5	
		구룡리	부두		2.1	
	개업선 계			173.1		
삼척철도회사선	삼척철도선	묵호항	도계	41.4		
	삼척선	북평	삼척	12.9		국철위탁선
	개업선 계			54.3		
단풍철도회사선	단풍선	단천	홍군	80.3		
조선마그네사이트개발회사선	용양선	여해진	용양	59.7		
남만주철도회사북선선	도문선	웅기	나진	15.2		함남선
		상삼봉	웅기	180.0		국철양도선
	(도문선)	남양	두만강중심	3.3		국철양도선
	개업선 계			198.5		
동만주철도회사선	(도문선)	훈융	두만강중심	1.2		
조선인조석유회사선	아오선	아오지	오봉	10.4		

자료 : 財團法人 鮮交會, 『朝鮮交通史』 一, 1986, 4~7쪽.

일제시기 철도 운영의 주체는 만철(滿鐵)의 위탁 경영 기간(1917.7.31~1925.3.31)이 아니더라도 복잡한 양상을 띠며 변화한다. 근본적인 원인은 역시 재정 문제에 있었다. 조선 최초의 철도인 경인선과 가장 중요한 노선인 경부선 모두 외세의 자본에 의존했던 것도 이 때문이다. 을사조약 이후 일본은 1906년 경부철도매수법을 제정해 경인선과 경부선을 통감부 철도관리국 소관으로 매수하는데 이것이 한국 철도사에서 사철이 국철로 전환된 최초의 사례에 해당한다. 이후 사철 중에서 조선총독부에 매수되어 철도국 소관의 국철로 전환된 노선은 다음과 같다.

1927년	전북철도주식회사	이리-전주 간
1928년	조선철도주식회사	송정리-담양 간
1928년	조선철도주식회사	대구-학산, 경주-울산 간
1929년	도문철도주식회사	회령-동관진, 상삼봉-도문교 간
1931년	조선철도주식회사	마산-진주 간
1933년	개천철도주식회사	신안주-천동 간
1936년	남조선철도주식회사	전남광주-여수항 간
1940년	조선철도주식회사	김천-안동 간
1943년	다사도철도주식회사	신의주-남시 간
1944년	조선철도주식회사	황해선 전 구간
1944년	북선척식철도	고무산-무산 간
1944년	서선중앙철도	승호리-신성천 간
1944년	부산임항철도	부산-동래 간

8부

철도, 과연 얼마나 날랐나?

01

영업거리와 정거장 수의 증가

국철과 사철을 포함하여 1910년 1,095km이었던 영업거리는 1944년에 6,373.8km로 5.8배 늘었다. 481.9%의 증가율이다. 기간 중에 영업이 가장 왕성하게 개시된 해는 1913년으로 전년 대비 증가율이 15.8%(1,356.3km→ 1,507.7km)에 달했고, 1911년(13.6%), 1924년(10.6%), 1939년(11.7%)에는 전년 대비 증가율이 10%가 넘는다.

영업거리와 함께 정거장 수도 비슷한 추세의 증가세를 보인다. 전년 대비 증가율이 가장 높았던 해는 1928년으로 21.1%(426개→516개)에 달했고 1931년에도 20.8%로 비슷한 수준을 보였다. 영업 거리가 가장 크게 증가했던 1913년 정거장 수의 증가율은 17.0%에 달했다.

일제시기에 영업거리는 국철이 사철보다 언제나 길었다. 1917년까지 사철의 영업거리는 전체 영업거리의 4.5%를 넘지 못하다가 이듬해에 11.4%로 급증하였고, 1933년에 34.1%로 증가하여 최고조에 달했다. 이를 통해서도 사철의 건설이 1930년대에 가장 활발했음을 알 수 있는데, 이는 사철의 영업거리가 국철의 절반을 넘는 수준이었다. 전체 영업거리 중 사철의 비율은 1943년까지 30% 내외를 유지하다가 1944년에 조선철도주식회사, 북선척식철도, 서선중앙철도, 부산임항철도 등의 일부 노선이 국철화되면서 21.5%로 떨어졌다.

국철 대비 사철의 비율은 영업거리보다는 정거장 수의 측면에서 더 높았다. 그 비율이 가장 높은 해는 1926년으로, 전체 정거장 중에서 사철이 40.8%를 차지했다. 이는 국철 정거장의 66.4%까지 육박한 것이었다. 사철의 정거장 비율이 영업거리에서의 비중보다 높다는 것은 표면적으로 사철의 역간 거리가 국철보다 짧다는 것을 의미하지만, 그 이면에서 그만큼 운영 노선이 국철에 비해 짧고, 동시에 경영 압박도 더 심하게 받았음을 볼수 있다.

철도망이 확충되면서 철도가 갖는 속도의 경험과 타지의 여행이라는 새로운 감성도 확대되었다. 이는 철도의 이용률 증대로 직결되었는데, 여객과 화물 두 측면이 모두 같았다. 1910년과 1944년을 대비해 보면, 철도 이용객은 연 220만 명에서 1억 600만 명으로 52.5배가 늘었고, 화물은 90.3톤에서 3,100만 톤으로 34.4배가 늘었다. 같은 기간 동안 1km당 수송량은 여객이 387명에서 4,831명으로 12.5배가, 화물은 342톤에서 5,933톤으로 17.3배 증가하였다. 여객과 화물 수송량의 각 증가율은 여객이 크지만, km당 증가율은 화물이 더 크다는 것을 알 수 있다. 이는 곧 철도시대 이전과 비교하여 한반도의 공간 범위 안에서 철도 수송의 비교우위가 여객보다는 화물에서 나타나고 있음을 알려준다.

표 9. 영업거리와 정거장 수

연도	영업 거리					정거장 수				
	국철	사철	계	전년대비 증가율(%)	사철의 비중(%)	국철	사철	계	전년대비 증가율(%)	사철의 비중(%)
1910	1086.1	9.3	1095.4	0.0	0.8	105	5	110	0.0	4.0
1911	1235.3	9.3	1244.6	13.6	0.7	121	5	126	14.5	3.7
1912	1347.0	9.3	1356.3	9.0	0.7	131	4	135	7.1	2.5
1913	1561.4	9.3	1570.7	15.8	0.6	154	4	158	17.0	2.4
1914	1399.7	34.1	1633.8	4.0	2.1	158	11	169	7.0	6.1
1915	1619.8	48.2	1668.0	2.1	2.9	162	17	179	5.9	8.7
1916	1715.4	79.9	1795.3	7.6	4.5	172	24	196	9.5	11.9
1917	1757.4	80.0	1837.4	2.3	4.4	177	24	201	2.6	10.8
1918	1773.7	227.4	2001.1	8.9	11.4	180	43	223	10.9	17.6
1919	1855.9	284.0	2139.9	6.9	13.3	187	57	244	9.4	22.5
1920	1862.7	305.5	2168.2	1.3	14.1	189	64	253	3.7	24.6
1921	1874.9	372.3	2247.4	3.7	16.6	191	69	260	2.8	23.4
1922	1895.2	442.6	2337.8	4.0	18.9	195	100	295	13.5	30.3
1923	1913.5	533.6	2447.1	4.7	21.8	206	124	330	11.9	32.9
1924	2092.3	613.5	2705.8	10.6	22.7	231	146	377	14.2	34.9
1925	2106.8	743.1	2849.9	5.3	26.1	240	178	418	10.9	40.8
1926	2159.1	783.8	2938.8	3.1	26.7	262	174	436	4.3	40.8
1927	2344.0	826.5	3167.5	7.8	26.1	288	138	426	-2.3	26.7
1928	2551.9	753.0	3300.7	4.2	22.8	327	189	516	21.1	35.1
1929	2751.5	820.8	3567.6	8.1	23.0	367	171	538	4.3	31.0
1930	2792.5	1072.4	3864.9	8.3	27.7	377	175	552	2.6	26.2
1931	3008.5	1140.9	4149.4	7.4	27.5	420	247	667	20.8	35.7
1932	3142.8	1139.1	4281.9	3.2	26.6	440	252	692	3.7	37.6
1933	2935.4	1516.1	4451.5	4.0	34.1	413	257	670	-3.2	35.5
1934	3077.4	1577.9	4655.3	4.6	33.9	439	284	723	7.9	35.6
1935	3389.5	1578.7	4968.2	6.7	31.8	493	305	798	10.4	39.3
1936	3575.9	1445.2	5021.1	1.1	28.8	519	257	776	-2.8	31.1
1937	3737.3	1540.3	5277.6	5.1	29.2	542	284	826	6.4	32.8
1938	3831.0	1580.8	5411.8	2.5	29.2	558	308	866	4.8	
1939	4089.5	1956.7	6046.2	11.7	32.4	599				
1940	4293.3	1749.2	6042.5	-0.1	28.9	628				
1941	4463.4	1789.1	6252.5	3.5	28.6	653				
1942	4536.8	1815.0	6351.8	1.6	28.6	665				
1943	4567.5	1853.0	6420.7	1.1	28.9	676				
1944	5005.4	1368.4	6373.8	-0.7	21.5					

자료 : 財團法人 鮮交會, 『朝鮮交通史 資料編』, 1986, 56쪽.

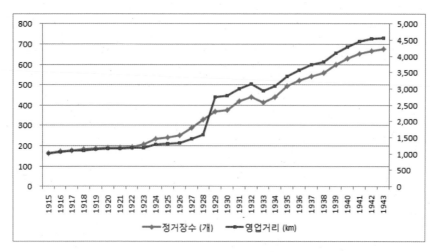

그림 101. 영업거리와 정거장 수의 확대

위 그래프에서 보듯이, 1910~1944년 사이에 영업거리나 정거장 수는 전반적으로 상승하였다. 이 가운데 1920년대 후반이 다른 기간에 비해 증가율이 높은데, 이는 곧 여객과 화물 수송량의 증가율 또한 이때부터 높아졌음을 알려준다. 1910년 대비 1944년 한국 철도의 영업거리는 5.8배, 이용객은 52.5배, 정거장 수는 2.8배, 화물량은 34.4배 증가하였으니, 같은 시기 인구 증가가 1.9배이고, 국민총소득이 2.8배, 1인당 GDP가 1.8배인 것을 감안하면 한국 사회 전반에서 철도의 성장은 괄목할 만한 것이었다. 20세기 전반 한국의 철도 교통의 발전은 가히 혁명적 현상이었다. 그 중에서도 자동차 교통이 아직 본격화되지 않은 1930년대에 철도는 다른 어떤 교통수단보다 높은 비교 우위를 점하고 있었으며, 여객 수송이나 화물 수송 두 측면에서 모두 철도가 조선 제1의 교통수단으로 정착했다고 평가할 수 있다.

02

\

시기별/노선별 수송량의 변화

　일제시기 전 시기를 통해 수송량이 가장 많은 노선은 역시 경성과 부산을 잇는 경부선이었다. 두 번째는 경의선이었는데, 화물만을 대상으로 하면 그 격차는 좀 더 줄어든다. 1911년부터 1940년까지 경부선의 연 평균 화물수송량은 262만 톤, 총 누적 화물수송량은 7,847만 톤이고, 경의선은 각각 258만 톤과 7,753만 톤이었다. 1939년에는 경의선이 화물 수송량에서 경부선을 처음 앞질렀고, 이듬해에는 격차를 좀 더 벌려 전체 화물 수송량의 1/4이 넘는 26.3%를 차지하였다.

　1940년에 간선철도망 중에서도 최고차 노선이라고 할 수 있는 경부·경의·호남·경원·함경선 등 다섯 개 철도가 차지하는 화물 수송량은 전체의 81.6%에 달했다. 이 가운데 호남선은 화물수송 분담률이 4.3%에 그쳐 다른 네 노선과는 성격이 달랐다. 평원서부선과 만포선 등은 호남선보다 화물수송량이 많았고, 광산철도 또는 산업철도로 불리기도 하는 혜산선과 백무선 등은 생각보다 화물수송량이 많지 않았다.

표 10. 화물수송량의 추이(화물합계: 톤)

노선	1911	1920	1930	1940	1940년 비율(%)
경부선	551,241	1,517,498	2,641,713	6,798,216	22.1
경의선	549,203	1,655,216	2,492,975	8,088,843	26.3
호남선	80,190	303,409	607,315	1,329,687	4.3
경원선	18,116	339,428	790,027	3,177,941	10.3
함경선	–	–	1,271,436	5,713,553	18.6
경전남부선	–	–	–	272,730	0.9
경전서부선	–	–	–	418,119	1.4
전라선	–	–	–	473,984	1.5
동해남부선	–	–	–	139,371	0.5
동해중부선	–	–	102,156	76,454	0.2
동해북부선	–	–	28,682	220,507	0.7
만포선	–	–	–	1,412,712	4.6
혜산선	–	–	–	430,247	1.4
백무선	–	–	–	166,752	0.5
경경남부선	–	–	–	196,431	0.6
경경북부선	–	–	–	193,360	0.6
평원동부선	–	–	–	150,324	0.5
평원서부선	–	–	–	1,522,266	4.9
합	1,198,750	3,815,551	7,934,304	30,781,497	100.0

자료 : 조선총독부 통계연보 각 연도
주 : 1) 경부선에는 경인선과 경전선 포함
    2) 경의선에는 평남선과 겸이포선 외 지선 수송량 포함
    3) 호남선에는 군산선 포함

이들 간선철도망의 수송량이 많은 것은 노선의 길이가 길어서이기도 하다. 따라서 km당 수송량은 여객의 경우 길이가 짧은 경인선이 압도적이었고, 경부선, 경의선, 경원선, 함경선, 호남선 순으로 이어졌다. 화물의 km당 수송량 역시 여객에서만큼 압도적이지는 않았지만 경인선이 가장 많았고, 경부선, 함경선, 경의선 경원선, 호남선이 뒤를 이었다.

지선 중 남부지방에서는 경전선(삼랑진－진주), 전라선(이리－여수), 광주선(송정－순천), 대구선(대구－포항), 동해남부선(부산－경주), 군산선(군산－이리)이, 북부지방에서는 평남선(평양－진남포), 평원선(서포－고원), 만포선(순천－만포), 동해북부선(안변－양양), 백무선(백암－무산), 혜산선(길주－혜산진)이 수송량이 많았는데, km당 여객 수송량은 군산선이

압도적으로 많은 가운데 평남선, 평원선, 광주선이, 화물에서는 평남선과 군산선이 탁월했다.

사설 철도들 역시 적지 않은 수송량을 책임지고 있었다. 1920년대부터 1940년대까지 부설된 수인선, 경북선, 충북선, 장항선, 황해선, 금강산선, 함북선 등은 1920년대에 여객, 화물 모두 증가하였고, 1920년대 말에서 1930년대 초에 일시적으로 감소하였다가, 1930년대 중엽부터 다시 증가하는 추세를 보인다. 여객과 화물 수송량에 있어서 황해선과 충북선이 꾸준히 상위를 유지했으며, 반대로 함북선과 수인선은 하위를 잘 벗어나지 못했다.

지역적으로 해안에 부설된 철도와 내륙을 지나는 노선을 비교해 보면, 수송량 편차가 여객보다는 화물에서 더 크게 나타난다. 여객은 전국적의 차원에서 어느 정도 일정한 수준의 수요가 있었지만 화물은 광물자원과 산업의 편중성으로 인해 편차가 좀 더 나타난 것으로 이해된다. 또한 장거리 노선일수록 시간이 지나면서 단위거리당 수송량이 커지는 일반적인 경향이 한국 철도 수송에서도 그대로 나타났다. 여객은 노선에 관계없이 수송량이 증가하는 반면 화물은 여객에 비하면 일부 노선에 편중되고, 증가추세도 비안정적이었다.

사철의 여객 수송분담률은 전국적으로 편재된 경향을 보였다. 화물 수송분담률은 여객에서만큼 차이가 나는 것은 아니지만 국철과 사철 모두 여객수송에서 보이는 패턴과 비슷하다. 여객과 화물 모두 후기로 갈수록 사철의 비중이 점차 증가하는데, 이는 전술했듯이 사설 철도망의 확대와 직접적으로 맞물려 있다. 이 가운데 국철은 간선보다는 지선에서 분담률의 비중이 증가한다. 국철 간선철도망의 여객 수송분담률은 주로 북부지방에서 증가한 반면, 화물 수송분담률은 전국적으로 감소하였다. 이 감소분은 결국 국철 지선과 사철이 대체한 것으로, 이는 곧 후기로 가면서 사철과 지선이 증설되었으며, 이들의 역할과 기능이 점차 확대되고 있었음을 알려주기도 한다.

9부
철도망의 역사지리적 전개

01

지역별 여객/화물 취급량으로 살펴본 중심지 이동

1937년 철도 이용객이 가장 많은 노선은 역시 경부선계이다.[12] 전체 철도 이용객 6,896만 명 가운데 경부선을 이용한 승객은 1,937만 명으로 28.2%에 달했다. 이어서 경의선계가 21.3%, 함경선계가 13.9%로 세 노선이 63.3%을 차지했고, 호남선계가 9.0%, 경원선계가 6.5%, 전라선계가 3.7%로 그 뒤를 이었다. 이른바 경부·경의·경원－함경·호남·전라선으로 구성되는 X자형 간선철도망이 전체 이용객의 8할 이상을 수송하고 있었다. 경전서부선계 3.3%와 경전남부선계 3.2%를 합하면 경전선계는 6.5%가 넘고, 동해북부선계 2.6%, 동해남부선계 2.0%, 동해중부선계 1.7% 등 동해선계도 6.3%에 달한다. 만포선계(2.2%), 혜산선계(0.9%), 백무선계(0.4%), 평원동부선계(0.1%) 등 경의선과 함경선을 제외한 북부지방 철도의 여객 수송은 보잘 것 없었다.

표 11. 노선별 여객 수송량(1937)

선계	승차인원 (A)	하차인원 (B)	합(C) (C=A+B)	A-B	D(%) =A/C×100	D-50 (%)	수송 분담률 (%)
경부선계	9,805,565	9,567,976	19,373,541	237,589	50.6	0.6	28.2
경의선계	7,340,360	7,299,589	14,639,949	40,771	50.1	0.1	21.3
함경선계	4,760,578	4,767,158	9,527,736	-6,580	50.0	-0.0	13.9
호남선계	3,101,703	3,089,258	6,190,961	12,445	50.1	0.1	9.0
경원선계	2,225,285	2,239,136	4,464,421	-13,851	(49.8)	-0.2	6.5
전라선계	1,279,888	1,280,245	2,560,133	-357	50.0	-0.0	3.7
경전서부선계	1,145,449	1,128,377	2,273,826	17,072	50.4	0.4	3.3
경전남부선계	1,104,884	1,092,136	2,197,020	12,748	50.3	0.3	3.2
동해북부선계	884,697	886,373	1,771,070	-1,676	50.0	-0.0	2.6
만포선계	745,044	752,460	1,497,504	-7,416	(49.8)	-0.2	2.2
동해남부선계	680,418	682,635	1,363,053	-2,217	(49.9)	-0.1	2.0
동해중부선계	570,979	570,921	1,141,900	58	50.0	0.0	1.7
평원서부선계	407,947	407,670	815,617	277	50.0	0.0	1.2
혜산선계	323,990	324,241	648,231	-251	50.0	-0.0	0.9
백무선계	123,796	124,884	248,680	-1,088	(49.8)	-0.2	0.4
평원동부선계	25,903	25,450	51,353	453	50.4	0.4	0.1
합계	34,526,486	34,238,509	68,764,995	287,977	50.2	0.2	100.0

자료 : 조선총독부 통계연보

　역별로는 단연 경성역이 수위를 차지한다(표 12). 경성역의 이용객 수는 전체 이용객의 7.1%에 달하는 486만 명으로, 두 번째로 많은 평양역 163만 명의 약 3배에 달한다. 상인천(139만 명)과 대구역(130만 명)은 백만 명을 넘겼지만, 94만 명의 부산역은 의외이다. 승객 수송량이 많은 상위 20개 역은 경성, 평양, 인천, 대구, 부산, 원산, 이리, 대전, 광주, 개성, 신의주, 함흥, 전주, 군산, 목포, 진남포 등 16개 도시에 분포하였고, 이들 역시 경부선계, 경의선계, 경원선계, 호남선계, 함경선계, 전라선계를 벗어나지 않는다. 이들 상위 20개 역이 점유한 여객 수송분담률은 약 30%에 달한다.

표 12. 주요 역의 여객 수송량(1937)

순위	소속 도시	역명	승차인원 (A)	하차인원 (B)	합(C) (C=A+B)	A-B	D(%) =A/C×100	D-50 (%)	수송 분담률 (%)
1	경성(1)	경성	2,472,904	2,390,281	4,863,185	82,623	50.8	0.8	7.1
2	평양(1)	평양	829,544	800,176	1,629,720	29,368	50.9	0.9	2.4
3	인천	상인천	694,885	695,640	1,390,525	-755	50.0	-0.0	2.0
4	대구	대구	659,578	642,540	1,302,118	17,038	50.7	0.7	1.9
5	부산	부산	582,514	359,347	941,861	223,167	61.8	11.8	1.4
6	원산	원산	434,029	428,853	862,882	5,176	50.3	0.3	1.3
7	이리	이리	414,879	404,584	819,463	10,295	50.6	0.6	1.2
8	대전	대전	414,831	411,577	826,408	3,254	50.2	0.2	1.2
9	경성(2)	용산	371,538	462,638	834,176	-91,100	(44.5)	-5.5	1.2
10	평양(2)	서평양	363,332	368,716	732,048	-5,384	(49.6)	-0.4	1.1
11	광주	광주	355,156	330,609	685,765	24,547	51.8	1.8	1.0
12	개성	개성	345,211	333,719	678,930	11,492	50.8	0.8	1.0
13	경성(3)	영등포	338,900	330,936	669,836	7,964	50.6	0.6	1.0
14	신의주	신의주	318,900	335,682	654,582	-16,782	(48.7)	-1.3	1.0
15	함흥	함흥	315,114	316,514	631,628	-1,400	(49.9)	-0.1	0.9
16	경성(4)	청량리	309,179	327,482	636,661	-18,303	(48.6)	-1.4	0.9
17	전주	전주	297,297	295,776	593,073	1,521	50.1	0.1	0.9
18	군산	군산	273,362	278,667	552,029	-5,305	(49.5)	-0.5	0.8
19	목포	목포	269,494	258,420	527,914	11,074	51.0	1.0	0.8
20	진남포	진남포	266,830	261,445	528,275	5,385	50.5	0.5	0.8
합			10,327,477	10,033,602	20,361,079	293,875	50.7	0.7	29.6
전국합			34,526,486	34,238,509	68,764,995	287,977	50.2	0.2	100.0

자료 : 조선총독부 통계연보

부산역은 승차인원과 하차인원 비율의 편차가 가장 크다. 승차인원의 비율이 61.8%로 다른 어떤 역보다 월등히 높다. 이는 부산역을 통해 외지에서 부산으로 들어오는 사람보다 부산에서 외지로 나가는 인원이 많았다는 것을 의미하는데, 부산역은 특히 선박을 이용해 일본에서 입국한 한국인과 일본인 탑승객이 많았던 것으로 생각된다.

용산역과 신의주역은 이와 반대로 승차인원에 비해 하차인원의 비율이 높다. 큰 차이는 아니지만 청량리역 · 영등포역 · 군산역 · 서평양역 · 함흥역 · 상인천역 등 역시 하차인원이 승차인원보다 많은 역들이다. 이는 열차를 통해 이들 도시로 들어오는 사람들이 이들 도시로부터 나가는 사람보다 많다는 것을 의미하는데, 그 정확한 이유는 알기 어렵다. 위 역들이 모두 대도회의 부도심이나 항만 도시에 위치하는 공통점을 지니지만, 같은 상황에 소재한 역에서 그 반례도 나타나기 때문이다.

여객에서와 마찬가지로 1937년에 화물 수송량이 가장 많은 노선 역시 경부선계이다(표 13). 집계된 통계 내에서 전국의 화물 수송량 1,971만 톤 가운데 경부선이 담당한 물량은 593만 톤으로 30.1%에 달했다. 이어서 경의선계가 28.1%, 함경선계가 17.7%로 세 노선이 75.9%을 차지했고, 호남선계가 5.7%, 경원선계가 5.6%, 만포선계가 3.0%로 그 뒤를 이었다. 상위 세 노선의 여객 수송분담률이 63.3%임을 감안하면 경부·경의·함경선계의 최고차 노선은 여객보다는 화물에서 집중도가 더 높았다.

표 13. 노선별 화물 수송량(1937)

주요역별	발송화물 (톤, A)	도착화물 (톤, B)	화물합 (C=A+B)	A−B	발송화물비율 D=A/C*100 (%)	D−50 (%)	분담률 (%)
경부선계	2,728,418	3,202,255	5,930,673	−473,837	46.0	−4.0	30.1
경의선계	2,571,355	2,971,875	5,543,230	−400,520	46.4	−3.6	28.1
호남선계	515,134	608,195	1,123,329	−93,061	45.9	−4.1	5.7
경원선계	520,726	574,921	1,095,647	−54,195	47.5	−2.5	5.6
함경선계	1,721,003	1,765,802	3,486,805	−44,799	49.4	−0.6	17.7
경전남부선계	191,371	164,339	355,710	27,032	53.8	3.8	1.8
경전서부선계	143,476	155,327	298,803	−11,851	48.0	−2.0	1.5
전라선계	192,105	189,462	381,567	2,643	50.3	0.3	1.9
동해남부선계	34,165	30,567	64,732	3,598	52.8	2.8	0.3
동해중부선계	114,512	71,015	185,527	43,497	61.7	11.7	0.9
동해북부선계	72,232	84,497	156,729	−12,265	46.1	−3.9	0.8
평원동부선계	6,792	859	7,651	5,933	88.8	38.8	0.0
평원서부선계	123,025	61,484	184,509	61,541	66.7	16.7	0.9
만포선계	449,834	138,383	588,217	311,451	76.5	26.5	3.0
혜산선계	134,221	49,193	183,414	85,028	73.2	23.2	0.9
백무선계	111,720	16,049	127,769	95,671	87.4	37.4	0.6
합계	9,630,089	10,084,223	19,714,312	−454,134	48.8	−1.2	100.0

자료 : 조선총독부 통계연보
주 : 경경남부선계, 경경북부선계, 광주선계, 경전선계, 동해선계, 평원선계, 송여선계, 경전북부선계, 함경선남부선계, 도문서부선계, 황해선계, 도문동부선계 등은 자료 없음.

여객의 경우 세 노선 다음으로는 호남〉경원〉전라〉경전서부〉경전남부〉동해북부선계로 이어진 후 만포선계가 열 번째에 등장하는데, 화물은 호남선계와 경원선계에 이어 바로 만포선계가 여섯 번째로 등장한다. 여객 및 화물 수송분담률 상위 열 개의 노선 가운데 각기 동해북부선과 동해중부선을 제외한 9개 노선은 중복된다. 상위 열 개 노선의 수송분담률은 화물이 96.3%로 여객 93.8%보다 높다.

1937년 화물 취급이 가장 많은 역은 수도 서울의 관문격인 인천역이다(표 14). 다음은 평양의 관문이라 할 수 있는 진남포역이 차지했고, 그 뒤를 경성역과 부산역이 잇는다. 인천역의 화물취급 톤수는 모두 136만 톤으로 발송화물이 82만 톤, 도착화물이 54만 톤을 차지한다. 발송화물:도착화물의 비

표 14. 주요 역의 화물 수송량(1937)

순위	주요역별	선계	발송화물 (톤,A)	도착화물 (톤,B)	화물합 (C=A+B)	A-B	D=A/C* 100(%)	D-50 (%)	분담률 (%)
1	인천	경부	820,618	536,351	1,356,969	284,267	60.5	10.5	6.9
2	진남포	경의	296,407	751,682	1,048,089	-455,275	28.3	-21.7	5.3
3	경성	경부	185,253	763,517	948,770	-578,264	19.5	-30.5	4.8
4	부산	경부	529,108	275,508	804,616	253,600	65.8	15.8	4.1
5	흥남	함경	249,731	317,576	567,307	-67,845	44.0	-6.0	2.9
6	겸이포	경의	103,482	451,220	554,702	-347,738	18.7	-31.3	2.8
7	용산	경부	171,599	292,250	463,849	-120,651	37.0	-13.0	2.4
8	신의주강안	경의	275,703	177,598	453,301	98,105	60.8	10.8	2.3
9	원산	경원	180,559	249,066	429,625	-68,507	42.0	-8.0	2.2
10	천내리	함경	347,897	73,577	421,474	274,320	82.5	32.5	2.1
11	평양	경의	142,843	256,959	399,802	-114,116	35.7	-14.3	2.0
12	대구	경부	109,482	281,159	390,641	-171,677	28.0	-22.0	2.0
13	군산	호남	139,610	242,812	382,422	-103,202	36.5	-13.5	1.9
14	승호리	경의	287,514	84,012	371,526	203,502	77.4	27.4	1.9
15	선교리	경의	102,891	228,449	331,340	-125,558	31.1	-18.9	1.7
16	성진	함경	109,072	220,287	329,359	-111,215	33.1	-16.9	1.7
17	영등포	경부	89,916	216,960	306,876	-127,044	29.3	-20.7	1.6
18	길주	함경	40,199	198,657	238,856	-158,458	16.8	-33.2	1.2
19	목포	호남	99,301	131,328	230,629	-32,027	43.1	-6.9	1.2
20	함흥	함경	87,326	109,319	196,645	-21,993	44.4	-5.6	1.0
	20역 합		4,368,511	5,858,287	10,226,798	-1,489,776	42.7	-7.3	51.9
	전국 합		9,630,089	10,084,223	19,714,312	-454,134	48.8	-1.2	100.0

자료 : 조선총독부 통계연보

표 15. 여객/화물 취급역 순위 상위 20역

여객	순위	화물
경성	1	인천
평양	2	진남포
상인천	3	경성
대구	4	부산
부산	5	흥남
원산	6	겸이포
이리	7	용산
대전	8	신의주강안
용산	9	원산
서평양	10	천내리
광주	11	평양
개성	12	대구
영등포	13	군산
신의주	14	승호리
함흥	15	선교리
청량리	16	성진
전주	17	영등포
군산	18	길주
목포	19	목포
진남포	20	함흥

율이 약 6:4로 발송화물의 비중이 높다. 이러한 양상을 보이는 역은 상위 20개 역 가운데 4위에 오른 부산역, 8위 신의주강안역, 그리고 10위와 14위에 천내리역(함경선)과 승호리역(경의선)에 불과하다. 나머지 16개 역은 모두 도착화물이 발송화물보다 많았다.

화물 취급이 많은 역은 대체로 외부로부터 들어오는 도착화물이 많다. 이는 곧 지역 내 생산기반이 잘 갖춰져 있거나 소비력이 크다는 것을 의미한다. 반면 인천과 부산에 발송화물 톤 수가 도착화물보다 더 많은 것은 중량이 늘어나는 2차 가공품의 생산이 발달했기 때문으로 생각된다. 상위 20개 역의 발송화물 대비 도착화물의 비율은 57.3%이고, 하차인원 대비 승차인원의 비율은 50.7%이다. 결국 주요 역들의 수송 기능을 통해 보면, 이들이 소재한 곳은 대체로 물건은 밖에서 안으로 들어왔고, 사람들은 큰 차이는 없지만 그래도 밖에서 들어오기보다는 안에서 나가는 사람이 좀 더 많은 지역이다.

이 가운데 경성, 군산, 대구, 목포, 부산, 영등포, 용산, 원산, 진남포, 평양, 함흥역 등 11역은 여객과 화물 두 부문에서 모두 취급량이 많았다. 한편 여기에 빠진 인천부는 상인천역과 인천역 두 역이 각각 여객과 화물에서 특화되어 있기 때문이다. 이를 합산하면 인천은 경성 다음의 최고차 도시에 해당한다.

여객 이용이 많은 상인천의 이름은 본디 축현역이었다. 1926년에 상인천역으로, 1948년에 다시 축현역으로, 1955년에 동인천역으로 이름을 바꾸면서 오늘에 이르고 있다. 인천역은 한때 상인천역과 호응하여 하인천역으로 불린 적도 있으나 1948년에 다시 인천역으로 환원되었다. 당시 인천항 앞에 있었고, 서울을 가장 빠르게 잇는 노선이었기 때문에 화물 취급이 전국적으로 가장 많았다. 이와 같이 동일 지역 내에서 두 역이 화물과 여객 수송을 분할하여 담당했던 도시는 인천 외에도 신의주가 그러하였다. 신의주 강안역이 압록강 연안에 위치하면서 대중국 무역을 주로 담당하였다. 인천은 일본과 서양 물품이, 신의주는 중국과 서양 물품이 유입되던 핵심 도시였던 것이다.

다음으로는 여객 또는 화물에 특화된 역을 살펴보면, 이리, 대전, 광주, 개성, 전주는 여객에, 흥남, 겸이포, 천내리, 승호리, 선교리, 성진, 길주 등은 화물에 특화되어 있었다. 여객에 특화된 역은 대체로 남부지방에 몰려 있고, 반대로 화물에 특화된 역은 모두 경의선과 함경선 연안의 북부지방에 분포하는 특징을 볼 수 있다. 여객과 화물 모두 취급량이 많은 상위 도시 신의주―평양―경성―인천―대구―부산은 경부선과 경의선 상의 거점 도시이고, 원산과 함흥은 경원선과 함경선 상의 거점 도시이다.

이들 도시는 당시에는 물론, 전통시대로부터 오래 기간 각 지역의 행정적·경제적 중심지였다. 두 부문 모두 상위에 오른 지역이 전근대에도 중심지로 기능했다는 것은 철도가 이들의 도시 성장을 유도했다기보다는 이들 대도회가 철도의 유입을 유도했다는 것을 다시 한번 증명한다. 물론 군산이나 목포 등과 같이 19세기 말 이후 개항장으로 성장한 도시도 있고, 대전이나 이리처럼 20세기 이후 철도 도입 이후에 급성장한 신흥도시도 있다. 이와 같이 일부 도시의 형성과 성장에 철도가 영향을 미친 것을 부인할 수는 없다. 그러나 철도가 전국의 지역구조를 개편 또는 재편하였다는 단정적 평가는 아직 충분하지 않다.

특히 두 부문 각 상위 10개 역의 수송분담률을 살펴보면, 여객은 화물에 비해 그 편차가 크지 않을 뿐더러 시기별 순위 변동도 화물에 비해 훨씬 안정적이다. 즉 여객 이용량이 많은 지역은 철도 초창기부터 일제 말기에 접어들 때까지 순위 변동이 별로 없다. 철도가 비록 1930년대에 들어 거의 혁명에 가까운 변화를 가져왔다할지라도, 이러한 안정성은 신흥도시의 영향력이 기존 도시체계 안에 흡수되었다는 것을 의미한다.

대전이나 이리, 조치원, 평택 등의 내륙 도시가 새롭게 발흥한 것은 분명 사실이지만 이들의 인구나 경제 규모 등의 도시 세력이 기존의 대도회에는 미치지 못한 점에서 이것을 전국적 수준의 개편이라 할 수 없다. 지역을 확대하여 상위 50개 역을 살펴보더라도 위와 같은 양상은 크게 다르지 않다. 즉 여객 중심역은 전통적으로 인구밀도가 높고 인구가 많은 남부지방에 더 몰려 있으며, 화물 중심역은 반대로 북부지방에 더 밀집되어 있다.

표 16. 경부선계 주요 역의 여객 수송 분담률(1929, 1940)

1929			1940			1929→1940년 증가율(%)	
주요 역	여객(명)	분담률(%)	주요 역	여객(명)	분담률(%)		
경성	3,374,803	36.8	경성	10,634,192	43.5	경성	215.1
대구	1,069,745	11.7	상인천	2,665,018	10.9	대구	131.3
용산	1,016,947	11.1	대구	2,474,282	10.1	용산	33.5
상인천	979,672	10.7	부산	1,531,079	6.3	상인천	172.0
부산	568,465	6.2	대전	1,477,290	6.0	부산	169.3
수원	530,524	5.8	용산	1,357,396	5.6	수원	116.1
대전	488,259	5.3	수원	1,146,549	4.7	대전	202.6
인천	390,842	4.3	인천	1,060,154	4.3	인천	171.2
조치원	270,795	3.0	김천	878,303	3.6	조치원	120.0
김천	266,955	2.9	천안	608,576	2.5	김천	229.0
천안	215,449	2.3	조치원	595,814	2.4	천안	182.5
합	9,172,456	100.0	합	24,428,653	100.0	평균	166.3
경부선 계	16,350,081	(56.1%)*	경부선 계	42,863,842	(56.7%)*	경부선 계	162.2
전국합	45,326,425	(45.3%)**	전국합	157,752,032	(27.2%)**	전국합	248.0

자료 : 조선총독부 통계연보
주 : * 경부선계 내에서 위 주요 역들의 수송분담률, ** 전국 수송량 중 경부선계 전체의 수송분담률

경부선계를 대상으로 1929년과 1940년의 여객 수송량의 추이를 살펴보면, 경성, 인천, 대구, 부산, 수원 등과 같은 전통 도시들이 상위권을 그대로 차지하는 가운데 후기에는 대전과 김천의 약진을 볼 수 있다(표 16). 1929년 주요 역의 여객 수송 분담률은 경성(용산 포함, 47.9%), 상인천(인천 포함, 14.9), 대구(11.7), 부산(6.2), 수원(5.8), 대전(5.3), 김천(3.0), 조치원(2.9), 천안(2.3) 순으로 높았으나, 1940년에는 경성(49.1%), 인천(15.2), 대구(10.1), 부산(6.3)에 이어 대전(6.0)이 수원(4.7)과 자리를 바꿨으며 김천(3.6)에 이어 천안(2.5)과 조치원(2.4)도 자리를 맞바꿨다. 1940년대에 들어 대전이 5위권으로 올라왔지만 천안과 조치원 등을 포함하여 이른바 신흥도시들의 수송분담률은 3% 미만으로 전국적인 차원에서는 미미한 수준이었다.

1929년 대비 1940년 여객 인원의 증가율이 가장 높은 역은 약 230% 증가한 김천역이고, 경성역과 대전역도 200%를 상회하였다. 즉 이 세 역은 약 11년 사이에 3배 이상의 이용객 증가가 있었다. 위 주요 역들의 평균 증가율(166.3%)이 경부선계의 증가율(162.2%)보다 높아 주요 역들의 수송 기능은 좀 더 강화되었다고 할 수 있겠다. 그러나 경부선도, 주요 역들도 모두 승객 이용 증가율(248.0%)이 전국 평균을 넘지 못한다. 이는 이용객의 절대수가 점차 늘어나면서 전국의 철도망에 자연스럽게 분산된 것으로 이해된다.

한편 1929년에 경부선 전체 역 중에서 상위 11개 역이 이 차지하는 여객 수송 분담률은 56.1%이고 1940년에는 미세하게 증가한 56.7%이다. 반면 전국 철도 여객 수송량 중에서 경부선계가 차지하는 비중은 1929년 45.3%에서 1940년에 27.2%로 급격이 떨어진다. 이는 1940년이 되면 이미 전국적인 철도망이 구축되고 철도 이용객도 점차 많아지면서 경부선과 같은 간선철도망 외에도 지선이나 단선 철도를 이용하는 사람들이 크게 늘어났음을 알려준다.

주요 도시의 화물수송 분담률은 여객에 비해 더 집중되어 있었다. 1929년 상위 11개 역에서 발송했거나 도착한 화물이 경부선계 전체 화물 수송량의

75.8%에 달했고, 전국에서 경부선이 담당한 비율은 30.8%이었다(표 17). 즉 경부선은 전국의 화물 약 1/3을, 그리고 그 중 3/4을 위 역에서 처리하고 있었다. 1940년에는 두 상황 모두 약해져서 경부선계 수송량의 67.2%를 상위 11개 역이 담당하였고, 전국 수송 물량의 23.0%를 경부선계에서 수송하였다. 여객 부문과 마찬가지로 1930년대를 지나 철도망이 전국적인 분포 양상을 띠면서 경부선의 집중도가 떨어졌던 것이다.

도시의 측면에서 살펴보면, 화물 부문 역시 인천, 경성, 대구, 부산, 대전이 계속 상위를 차지하였다. 경부선계 안에서 이 다섯 도시의 화물 수송 분담률은 1929년에 경부선계 전체의 68.4%, 1940년에는 61.7%에 달했다. 두 시기 사이에서 화물 수송 증가율이 가장 큰 역은 근 세 배 가까이 늘어난 김천역이고, 부산역과 상인천역 그리고 인천역도 두 배 이상 증가하였다. 경부선계 전체가 122.6% 증가한 상황에서 위 네 역을 제외하면 모두 평

표 17. 경부선 주요 역의 화물 수송 분담률(1929, 1940)

1929			1940			1929→1940년 증가율(%)	
주요 역	화물(톤)	분담률(%)	주요 역	화물(톤)	분담률(%)	주요 역	증가율(%)
인천	696,874	28.2	인천	1,573,109	32.3	인천	125.7
경성	597,356	24.2	경성	1,162,872	23.9	경성	94.7
용산	334,724	13.6	용산	602,733	12.4	용산	80.1
대구	268,659	10.9	부산	556,155	11.4	대구	56.8
부산	223,987	9.1	대구	421,254	8.6	부산	148.3
대전	107,215	4.3	대전	160,299	3.3	대전	49.5
조치원	57,916	2.3	김천	146,095	3.0	조치원	0.9
수원	55,262	2.2	천안	66,388	1.4	수원	19.8
천안	52,245	2.1	수원	66,197	1.4	천안	27.1
김천	51,289	2.1	조치원	58,446	1.2	김천	184.8
상인천	23,462	1.0	상인천	57,826	1.2	상인천	146.5
합	2,468,989	100.0	합	4,871,374	100.0	합	97.3
경부선 계	3,259,114	(75.8%)*	경부선 계	7,254,321	(67.2%)*	경부선 계	122.6
전국합	10,579,831	(30.8%)**	전국합	31,585,991	(23.0%)**	전국합	198.5

자료 : 조선총독부 통계연보
주 : * 경부선계 내에서 위 주요 역들의 수송분담률, ** 전국 수송량 중 경부선계 전체의 수송분담률

균 이하의 증가율을 보였다. 그 중에서도 조치원, 수원, 천안은 성장세가 미미하였고, 대전도 1.5배 증가한 것에 불과하였다. 같은 기간 대전역의 여객 수송 증가율이 3배에 달했음을 감안하면 화물의 증가세는 여객을 따라가지 못하였다. 이는 대전뿐 아니라 전국적인 양상이었으며, 위 역에서도 인천역과 상인천역을 제외하면 분담률이 모두 감소하였다. 전국적인 상황을 살펴봐야하겠지만, 철도의 기능은 1930년대를 거치면서 화물 수송보다는 여객 수송에서 좀더 강화되고 있었던 것으로 짐작된다.

비록 경부선만을 대상으로 분석한 것이지만, 여객 및 화물 수송량 비율의 변동 추이에서 공통적으로 드러난 첫 번째 특징은 철도 수송 시 최고차 도시는 역시 전근대에도 대도회였다는 것이다. 물론 인천과 부산을 신흥도시라고 할 수 있겠지만, 부산은 임란 이후 대일본 외교와 관련하여 가장 중요한 도시의 한 곳이었음을 부인할 수 없다. 인천은 사실 19세기 말까지 크게 주목받는 도시는 아니었다. 다만 인천은 개항 이래 수도 한성의 세력권 안에 포섭된 것이 최고차 도시로 성장한 근본적인 요인이다. 일제시기에도 역시 경성부 없는 인천부는 그 의미가 크게 축소된다. 경성-인천 간, 이른바 현재의 경인축이 이때 비로소 만들어졌다고 할 수 있다. 이를 지역구조의 개편이라 할 수도 있을 것이다. 그러나 수백 년 이상 조선의 최고차 도시로 군림해 온 경성(한성, 서울)의 확대라는 점에서 이 지역구조의 개편이 아주 새로운 패러다임의 등장은 아니었다.

둘째, 지역을 좀 더 확대해 보면 대전, 조치원, 천안, 밀양, 안양 등을 새롭게 등장했거나 급성장한 도시로 분류할 수 있다. 이 중 이른바 신흥 도시라고 할 수 있는 곳은 대전과 조치원, 안양 정도이다. 천안과 밀양은 조선 시대부터 지방 중심지로서의 기능을 수행한 곳이다. 대전도 사실 철도가 만든 도시의 대표로 거론되지만, 회덕과 진잠, 일부 청주와 공주의 영역을 합쳐 만든 군으로 비록 회덕과 진잠의 읍세가 크진 않았지만 조선시대 대대로 지역 중심지로서의 기능을 수행해 오던 곳이다. 그럼에도 신흥도시로 인식되는 것은 대전역과 서대전역이 기존의 중심지가 아닌 곳에 설치되었기 때문일 것이다.

셋째 수원, 경산, 왜관, 구포, 평택 등 수송분담률의 증가율이 낮은 도시들은 대체로 대도회의 주변에 위치해 있다. 수원은 서울과, 구포는 부산과, 경산과 왜관은 대구와 아주 가깝다. 특히 여객과 화물 수송량 비율이 모두 하위권에 속하는 구포는 실제 부산부 영역 내에 있다 해도 과언이 아니다. 결국 대도시 주변부에 위치한 도회들은 철도가 통과함으로써 자체 성장하는 측면도 있지만, 상위 대도시의 성장 속도를 따라가지 못했기 때문에 그 차이를 극복하지 못하고 이미 상위 도시에 흡수되는 과정을 밟고 있었다.

철도는 1930년대 즈음부터는 대도시의 종주성을 공고히 해주고, 근접 거리에 있는 도시들의 종속성을 강화시키는 역할을 담당했던 것으로 생각된다. 이것이 어쩌면 전통시대와 다른 중요한 사실이 될 수 있다. 즉 새로운 교통로 철도가 결국은 초기적 도시 간 계층구조를 형성시켰다는 것이다. 물론 본격적인 연구가 진행되어야 하겠지만, 이 계층구조의 초기적 형성이 이른바 한국 '도시의 근대'론을 구성하는 일 요소가 될 것이다.

02

철도망의 확산과 인구의 성장

필자는 사실, 20세기 이래 철도의 도입이 과연 한반도의 지역구조를 재편하였는지를 논의하는 것보다 더 중요하고 시급한 문제가 이를 구명할 수 있는 방법론에 대한 논의라고 생각한다. 그 이유 중의 하나는 지역구조라는 용어 자체도 쉽지 않지만, 이를 파악하거나 분석하는 지표가 다양하기 때문에 단선적으로 접근할 수 없기 때문이다. 그 중 오랫동안 사용해온 방법론의 하나가 철도망과 인구와의 관계이다. 이에 본 연구도 이로부터 시작하지만, 철도선이 경유하는 지역 단위를 면급(面級)까지 미세하게 접근했다는 점이 기존 연구와 다르다.

이 장에서는 철도선이 경유하는 지역과 그렇지 않은 지역의 인구증가율이 과연 철도와 관련되는지를 가늠할 것이다. 분석의 지역 단위가 면이라는 차별성에도 불구하고 본 연구 방법론 역시 아직 검증되었다고 할 수 없으며, 분석 결과 또한 아직 미미한 수준에 머물러 있다. 이에 대한 방법론 개발과 그에 따른 분석 작업이 지속적으로 수반되어야할 것이다.

본 연구가 분석 지역 단위를 군에서 면으로 세분했다고는 하지만, 철도가 경유하는 지역과 그렇지 않은 지역이 어떤 의미를 지니는지를 정리하는 것 자체가 쉽지 않은 문제이다. 우선 면 단위가 군 단위보다 더 타당한가하는 문제부터 시작할 수 있다. 또한 실제 사람들은 철도를 이용할 때 철로가 아니라 철도역으로 이동하기 때문에 단순히 철도선의 경유보다는 철도역의 설치가 관건이 될 수 있다. 이보다 더 어려운 문제는 인구 증가는 철도망 외에 매우 다기한 요인이 작동한다는 점이다. 결국 인구 증가와 철도망과의 상관관계를 어디서 어떻게 찾을 것인가의 문제인데, 이 글 역시 아직은 시론적인 단계를 벗어나지 못했다.

어쨌든 이번 연구에서 필자는 좀 더 세밀한 지역 단위의 분석을 시도하기 위해 면 단위 인구통계가 필요했다. 이에 1925년, 1930년, 1935년 국세조사에 의거하여 전국의 면 인구를 먼저 데이터베이스화하였고, 자연스럽게 분석 시점도 이 세 연도로 결정되었다. 면이 분석 단위로 설정됨에 따라 세 시점의 면 경계를 GIS 프로그램 내에서 복원, 전국의 약 2,500개 면을 폴리곤으로 구축하였다. 더 극명한 대비를 위해서는 철도 초창기의 인구 자료인 『민적통계표』(1909)를 이용하면 좋지만, 베이스맵이 없는 1914년 이전의 면 행정구역을 만드는 것은 곧 조선시대의 면을 복원하는 것과 같은 큰 작업이므로 차후의 연구 과제로 미룬다.

철도망과 지역구조의 재편 관계를 살피는데, 단순한 인구 증가보다는 철도역의 이용객 및 화물 수송량의 추이를 살피는 것이 더 효과적인 접근 방법일 수 있다. 그러나 이 접근도 인구와의 상관관계 속에서 해석될 여지가 다분하므로 일단 인구 증가의 맥락을 살피는 것은 기초 연구로서 유의미할 것이다. 우선 1925·1930·1935년 각 연도별로 철도선이 경유하는 면의 개수는 다음 표와 같다. '경유면'은 GIS 프로그램 내에서 철도선이 면 폴리곤 내부를 통과하거나 면 경계에 접하는 면을 일컫는다.

1925년 이후 경유면이 늘어나는 것은 지속적으로 철도가 건설되었으므로 당연한 결과이다. 당시 전국의 면은 약 2,500개 내외로 철도가 경유하는 면의 비율이 18.3%에서 23.4%, 26.8%로 높아져 1935년에 철도가 지나는 면이 전국의 1/4을 넘어섰다.

1925년 대비 1930년에 경유면의 증가율이 가장 높은 지역은 80.6%의 전라남도이고 이어서 함경북도가 66.7% 증가하였다. 반면 평북, 경남, 전북 지역에서 증가율이 낮았다. 1930~1935년 사이에는 강원도와 전라북도에서 높은 증가율을 보였고, 전남은 오히려 2개 면이 감소하였다. 자세히 알 수 없으나 면 통합 등의 행정구역의 변동이나 철로의 변경 때문일 것으로 생각된다.

표 18. 철도선이 경유하는 면의 수

지역(13도)	연도			증가율(%)		
	1925	1930	1935	25→30	30→35	25→35
강원	16	22	33	37.5	50.0	106.3
경기	56	70	73	25.0	4.3	30.4
경남	34	37	44	8.8	18.9	29.4
경북	53	59	62	11.3	5.1	17.0
전남	31	56	54	80.6	-3.6	74.2
전북	30	30	41	0.0	36.7	36.7
충남	43	53	55	23.3	3.8	27.9
충북	20	26	26	30.0	0.0	30.0
평남	37	44	49	18.9	11.4	32.4
평북	31	34	38	9.7	11.8	22.6
함남	48	63	67	31.3	6.3	39.6
함북	27	45	52	66.7	15.6	92.6
황해	34	41	52	20.6	26.8	52.9
합 (전국비율, %)	460 (18.3)	580 (23.4)	646 (26.8)	26.1	11.4	40.4
전국	2,515	2,479	2,408	-1.4	-2.9	-4.3

주 : 각 연도 경유면의 수는 필자가 GIS 프로그램에 기반하여 제작한 디지털 맵에 근거함.

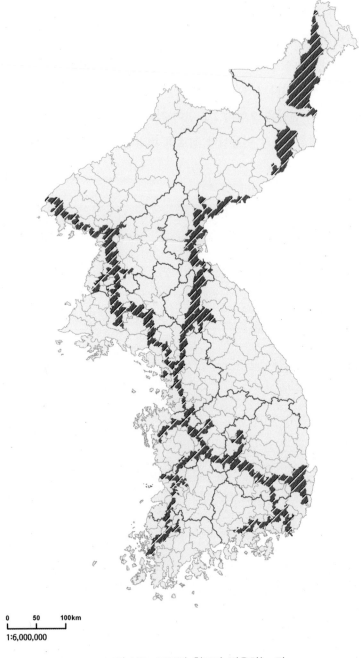

그림 102. 1925년 철도가 경유하는 면

248 일제시기 한국 철도망의 확산과 지역구조의 변동

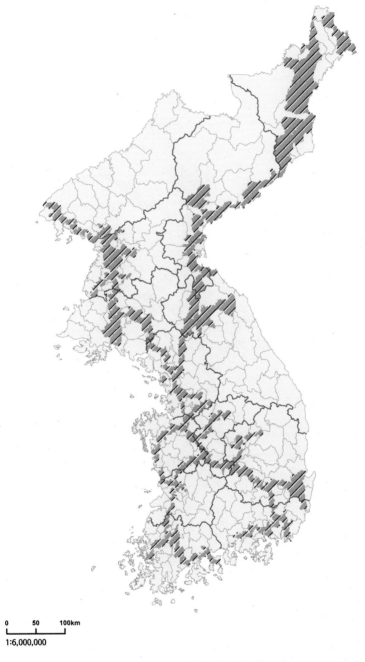

0　　50　　100km

1:6,000,000

그림 103. 1930년 철도가 경유하는 면

그림 104. 1935년 철도가 경유하는 면

일제시기 한국 철도망의 확산과 지역구조의 변동

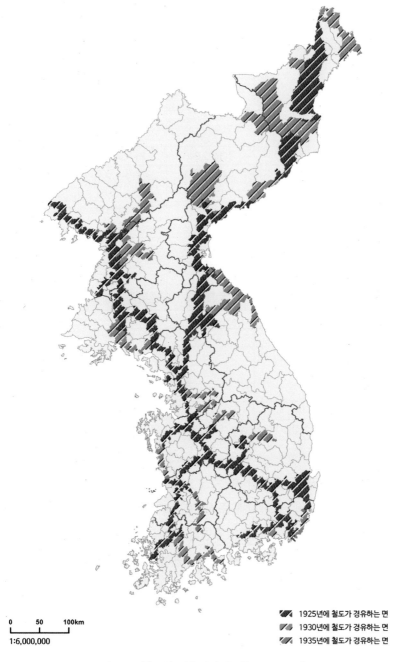

legend:

🮒 1925년에 철도가 경유하는 면
🮒 1930년에 철도가 경유하는 면
🮒 1935년에 철도가 경유하는 면

0   50   100km

1:6,000,000

그림 105. 철도선 경유면의 추이(1925→1935)

표 19. 경유면과 비경유면의 인구 분포

면/인구	경유 여부	1925	1930	1935
면	전국(개)	2,515	2,479	2,408
	경유	460	580	646
	비율(%)	18.3	23.4	26.8
	비경유	2,055	1,899	1,762
	비율(%)	81.7	76.6	73.2
인구	전국(명)	19,522,945	21,058,305	22,899,038
	경유	4,800,011	6,611,666	8,369,790
	비율(%)	24.6	31.4	36.6
	비경유	14,722,934	14,446,639	14,529,248
	비율(%)	75.4	68.6	63.4
면 평균 인구(명)	전국	7,763	8,495	9,510
	경유	10,435	11,399	12,956
	비경유	7,164	7,607	8,246
		1925→1930	1930→1935	1925→1935
면 인구증가율(%)	전국	7.9	8.7	17.3
	경유	37.7	26.6	74.4
	비경유	−1.9	0.6	−1.3
면 평균 인구증가율(%)	전국	9.4	11.9	22.5
	경유	9.2	13.7	24.2
	비경유	6.2	8.4	15.1

주: 면 정보는 필자가 제작한 디지털 맵에, 인구 정보는 각 연도 국세조사에 근거함.

1925년에 부(府)를 포함한 면 수 2,515개 가운데 철도가 경유하는 면은 460개이고, 1930년에는 2,479개 중 580개, 그리고 1935년에는 2,408개 중 646개에 달했다. 각 해당 연도에 경유면의 비율을 보면 18.3%, 23.4%, 26.8%로 증가세를 이룬다. 한편 같은 시기 경유면의 인구 비율 역시 24.6%, 31.4%, 36.6%로 높아졌다. 이러한 경유면의 두 증가 추세는 철도 노선의 증설에 따른 당연한 결과이므로 특별한 것은 없다.

그런데 경유면과 비경유면의 인구 비율과 면 비율을 살펴보면, 경유면의 인구 비율(24.6%, 31.4%, 36.6%)이 면 비율(18.3%, 23.4%, 26.8%)보다 언제나 높았음을 알 수 있다. 비록 구성비의 증가율은 감소하였지만, 이는 매 시기 철도선이 경유하는 곳이 그렇지 않은 곳보다 평균적으로 인구가 많다는 것을, 또는 인구가 많은 지역으로 철도선이 유입되었다는 것을 의미한다.

면 단위로 인구증가율을 보면 이러한 현상은 더욱 극명해진다. 1925년과 1930년 두 시점 사이에서 전국 인구의 증가율은 7.9%이고, 1930년과 1935년 사이에서는 8.7%, 그리고 1925년과 1935년 사이에서는 17.3%에 달한다. 그런데 같은 시점에 경유면의 증가율을 보면 각기 37.7%, 26.6%, 74.4%으로 전국 평균을 훨씬 상회하는 반면, 비경유면은 -1.9%, 0.6%, -1.3%로 인구가 오히려 줄어들었거나 답보 상태에 있었다.

물론 내부적으로는 인구가 감소한 경유면이나, 반대로 인구가 증가한 비경유면이 있을 수 있지만, 1925년에서 1935년까지 약 338만 명이 증가한 것이 통계적으로는 경유면 안에서 일어난 일이다. 또한 1925년에 철도가 경유하지 않던 면 중에는 1935년 시점에서 철도가 경유하게 된 면이 있을텐데, 이와 같이 10년 사이에 새롭게 경유면이 된 곳이 기존의 경유면보다 인구 증가가 더욱 현저했다는 해석도 가능하다. 이점에서도 바로 앞에서 언급한 인구 증가가 많은 곳으로 철도가 놓였거나 또는 철도선이 경유하는 지역을 중심으로 인구가 몰렸다는 해석은 충분히 사실로 인정된다.

한편 1925년과 1935년 사이에 비경유면의 인구는 정체 상태를 보이지만(정확히는 1.3% 감소), 면 평균 인구는 7,164명에서 8,246명으로 15.1%가 늘었다. 전국적으로 인구는 증가하고 면의 수는 줄어드는 상황에서, 그리고 10년 간 비경유면의 전체 인구 수에는 별 변동이 없음에도 각 면의 평균 인구가 증가한다는 것은 무엇을 의미하는가? 이는 곧 비경유면 중 인구가 증가하는 면이 경유면으로 빠져나갔다는 것을, 즉 새로운 철도 부설은 인구 증가가 뚜렷한 지역을 중심으로 이뤄졌다는 것을 의미한다. 그러나 아직 이것만으로 인구 증가와 철도망 부설 사이의 인과 관계 설정에서, 인구 증가가 먼저 이뤄지고 이어서 이 증가가 철도망을 유도한다고 단정할 수는 없을 듯하다. 이 점에서 철도와 인구 증가 간의 상관관계를 좀더 정확하게 분석하기 위해서는 철도선이 경유하지 않다가 새로 경유하게 된 면들의 인구증가율을 살펴볼 필요가 있다.

1925년 이후 1930년 사이에 새롭게 철도선이 경유하는 면은 모두 121개이고, 1935년까지의 새로운 경유면은 90개이다(표 20). 각 두 시기 면 평균인구는 9,644명과 9,741명으로 전국 평균인 8,495명과 9,510명을 상회한다. 동일 시점 동일 면의 인구증가율 또한 18.9%와 15.7%인데, 이 수치 또한 두 시기 전국의 인구증가율인 7.9%와 8.7%를 훨씬 상회한다. 이처럼 새로 경유면이 된 면만을 따로 살펴보니, 인구 증가와 철도 부설 사이에 정의 상관관계가 성립함을 좀더 구체적이고 명확하게 보여준다.

표 20. 철도가 새로 경유하는 면의 인구증가율과 평균 인구

면	1925→1930	면	1930→1935
면수(개)	121	면수(개)	90
인구(명)	1,166,875	인구(명)	876,717
평균인구(명)	9,644	평균인구(명)	9,741
최대인구(명)	45,040	최대인구(명)	42,650
최소인구(명)	3,073	최소인구(명)	2,870
평균 이상 면수(개)	43	평균 이상 면수(개)	31
평균 이하 면수(개)	78	평균 이하 면수(개)	59
〉19,288(2E)	7	〉19,482(2E)	5
〉9,644(E)	36	〉9,741(E)	26
〉4,822(1/2E)	71	〉4,871(1/2E)	52
〈4,209	7	〈4,871	7

1925~1930년 경유면 121개의 면 가운데 면 평균 인구를 상회하는 면이 43개, 못 미치는 면이 78개이고, 1930~1935년의 경우에는 각기 31개와 59개이다. 또한 평균보다 두 배 이상(2E) 많은 인구를 보유한 면은 각 시기 7개

면과 5개면이고, 두 시기 모두 1/2E−E 사이에 가장 많은 면이 몰려 있었다. 이렇듯 1925~1935년경에는 면 인구가 5천 명을 돌파하면 1만 명이 채 되기 전에 대체로 철도가 들어온 것으로 가늠할 수 있다.

1930년의 121개면 가운데 인구가 가장 많은 면은 45,040명의 경기도 고양군 용강면이고, 가장 적은 면은 3,073명의 함경북도 경원군 동원면이다. 용강면은 오늘날 여의도를 포함한 서울시 마포구 일부 지역으로, 1905년부터 1905년부터 경의선이 통과하고 있었다. 그러나 1921년에 경의선이 신촌역을 경유하는 쪽으로 노선을 바꾸면서 용산−서강−가좌 구간은 영업이 정지되었고, 1929년에 이 구간은 용산선으로 부활하였다. 즉 1921년부터 1929년 사이에 휴지 상태였기 때문에 1930년에 신 경유면이 된 것이다.

한편 1935년 90개 면 가운데 최대 인구 보유면은 42,650명의 함경남도 갑산군 운흥면이고, 그 반대는 2,870명의 함경북도 온성군 영충면이다. 이처럼 1930~1935년 사이에 추가된 경유면은 1925~1930년 사이에 추가된 경유면보다 전체 면의 수, 인구, 면 최대/최소 인구 등이 모두 적게 나타난다. 또한 두 시기에 인구 1만 명이 넘는 면은 각각 38면과 29면으로 이 또한 1935년이 적다. 결국 1930년대에 부설된 철도망은 그 이전에 비해 인구가 점더 희박한 지역, 또는 중요도가 떨어지는 지역을 찾아갔다는 것으로 해석된다. 거꾸로 얘기하면 1920년대에는 전국적으로 간선철도망이 거의 완비됨으로써 주요 지역이 이미 철도망 안에 포섭되었음을 시사하기도 한다.

지역구조 재편과 관련하여 인구증가율을 지표로 시험적인 분석을 시도해 보았지만 좀더 유의미한 결론을 내리기에는 부족한 면이 있다. 그러나 전술했듯이 인구 지표는 지역구조를 언급하면서 빠질 수 없는 기본 요소이기 때문에 이 자체를 배제할 필요는 없다. 새롭고 충분히 설득력이 있는 연구 방법론을 개발하는 것이 시급한 과제의 하나이다.

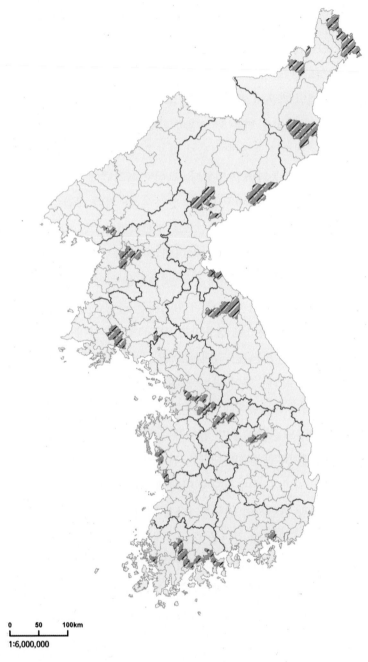

그림 106. 1925~1930년 사이에 새로 철도선이 경유하게 된 면

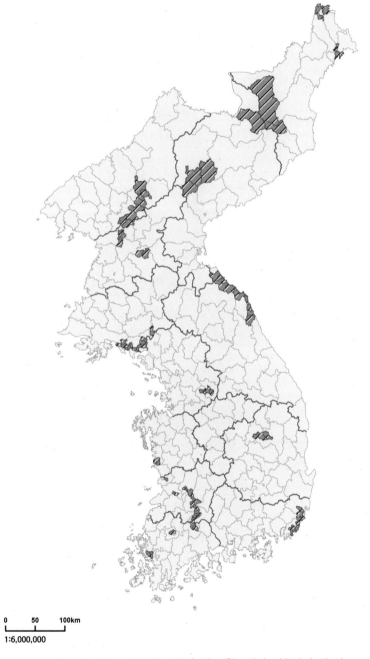

그림 107. 1930~1935년 사이에 새로 철도선이 경유하게 된 면

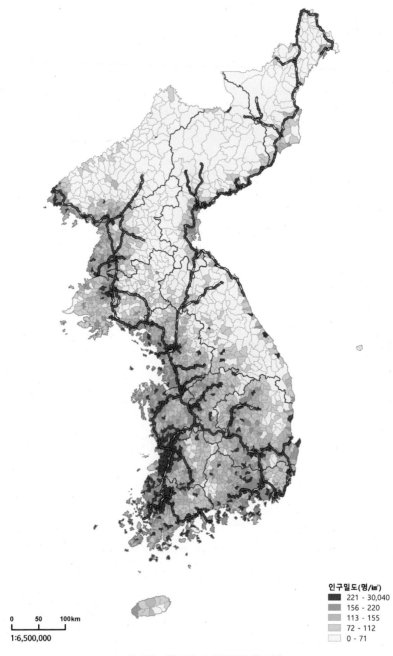

인구밀도(명/km²)

■ 221 - 30,040
▨ 156 - 220
▨ 113 - 155
▨ 72 - 112
□ 0 - 71

0 50 100km
1:6,500,000

그림 108. 철도망과 인구분포(1935)

10부

맺음말

지금으로부터 120년 전, 1897년 3월 22일 인천의 어느 한적한 곳에서 성대한 기념식이 거행되었다. 철도를 운운하면서 알지 못할 얘기로 행사가 끝나자 삽과 곡괭이를 들고 나와 땅을 파기 시작했다. 이를 지켜보는 관중들의 얼굴에는 호기심이 잔뜩 어려 있다. 2년 6개월이 지나자 공사는 끝났다. 1899년 9월 18일에 다시 성대한 기념식이 거행되었고, 이어서 사람들은 세상에 태어나 아직 듣도 보도 못한 철덩이 하나와 마주쳤다.

　땅위에는 평행한 철선이 땅끝까지 뻗어 있는 듯했다. 저렇게 무거운 철덩이가 어떻게 움직인단 말인가. 더구나 이 철덩이가 뿜어내는 굉음과 연기는 무서울 정도였다. 그러나 정작 더 무서운 것은 철덩이가 움직이는 속도였다. 어제까지 인천서 서울까지 한나절을 걸어 다녔는데, 이제 1시간이면 도착할 수 있게 되었다. 무려 10배 이상 빨라졌다. 더구나 이 탈것은 양반만 탈 수 있는 것이 아니었다. 차비만 내면 누구나 승차할 수 있는 그러한 탈것이었다.

　20세기가 시작되면서 한국에는 외부로부터 수많은 문물이 들어왔다. 철도도 그 중 하나다. 아마 새로 들어온 신문물 중에 철도가 부피가 가장 크지 않았을까 생각해 본다. 또한 몸을 실을 수 있다는 것, 그리고 이전에 결코 경험할 수 없었던 탈 것의 속도, 이런 점들은 그 어떤 신문물보다 사람들을 더 매료시켰다. 타는 것은 고사하고 달리는 것만이라도 보고 싶어 하는 사람들이 많았다. 20세기 전반 내내 철도와 기차는 그 어느 것보다 강렬한 열망과 로망의 대상이었다.

　하지만 철도에 대해 모든 사람이 긍정적인 반응을 보인 것은 아니었다. 운행 중 인명 사고가 발생하자 사람 잡아 먹는 괴물로 인식하기도 했고, 철도 때문에 우리 마을 지맥이 끊어진다고 이를 견디지 못하는 사람도 있었다. 철도망과 이른바 철도 문화는 정치·경제·사회·군사적인 다양한 맥락 속에서 형성되었다. 점차 철도에 익숙해질 무렵 이제 중요한 것은 우리 동네에 철도가 들어오느냐 마느냐가 되었다.

본 연구의 가장 중요한 초점은 한국의 철도망이 시간의 흐름에 따라 공간적으로 어떻게 확산되어 나갔는가에 있다. 단순하지만 '있다'와 '없다'의 문제에 주목한다. 여기서 한 가지 더 중요하게 고려한 것이 시간값이다. 즉 어느 때에 있다와 없다의 문제인 것이다.

철도망은 1905년 의주에서 부산까지 이어졌다. 제1의 종관철도라 할 수 있다. 중국과 일본 사이에 있는 한반도의 두 지역을 이어주는 최단 경로에 경의선과 경부선이 놓인 것이다. 다음엔 이와 교차하는 제2의 종관철도를 놓아야했다. 1914년 남쪽으로는 서울에서 목포, 북쪽으로는 서울에서 원산이 이어졌고, 함경선이 완공되는 1928년에는 대체로 제2 종관철도 부설이 완료되었다. 이른바 X자 형 철도망이 구축된 것이다. 이후 철도망은 사실 경부선, 경의선, 호남선, 경원-함경선의 연장선이거나 지선이거나 교량선(연결선)으로 인식해도 무리가 없을 정도이다.

이러한 철도망, 즉 철도선 경유지역과 철도역 소재지로 대표될 수 있는 철도망에 대한 시공간 정보를 구축한 이유는 GIS 분석툴을 이용하여 새로운 연구 방법론을 모색해 보기 위해서이다. 이에 대해서는 충분한 성과를 아직 거두지 못했지만, 본고는 분석 지역 단위를 기존의 도/군급에서 면급까지 한 단계 깊이 들여 놓았다. 이로써 향후 좀 더 발전적인 해석이 가능해지고 새로운 사실과 지식이 생산되기를 기대하고 있다.

현재로선 GIS 프로그램을 활용하는 것이 새로운 연구 방법론의 하나가 될 것이라는 확신을 갖고 있다. 이로부터 단순한 철도 노선이나 철도역의 분포 연구가 아닌 철도 노선의 입지, 철도선 연변의 인구나 경지 면적, 생산력과 생산구조 등의 인문환경과, 고도·지형·기후 등의 자연환경, 하천, 도로와의 격리도 등의 요소가 가미된 좀 더 정치한 공간통계학적 접근이

가능할 것이다.

이러한 역사지리적 연구 구상들은 역사적 사실에 대한 정확한 복원(재구성)을 전제한다. 차후 계속 수정 보완하겠지만, 본 연구의 복원 성과도 아직 해결되지 않았거나 부정확한 부분, 그리고 오류도 적지 않을 것이다. 이에 대한 완성도를 보장하는, 그러나 이번에 몰랐던, 가장 좋은 방법이 철도역의 시계열적 분포망을 데이터베이스로 구축하고 속성정보를 충실히 채워 넣은 후, 디지타이징 과정을 거쳐 지도화하는 것임을 이번 연구를 진행하면서 깨달았다. 비록 1941년 기준의 철도역 DB가 구축되었지만, 이에 대한 시계열적 변화 또한 추가해야할 중요 과제의 하나이다.

이러한 철도망의 역사지리학적 연구를 가장 힘들게 하는 요인은 역시 철도망의 지오타입이 선(line)이라는 사실이다. 라인을 텍스트로 설명하는 것은 한계가 있기 때문에 문헌에서 구체적인 사실이 잘 드러나지 않는다. 철도선은 부설 신청에서부터 허가, 착공, 완공, 부분 개통, 완전 개통, 영업개시, 영업 중단, 영업 재개, 본선(간선)과 지선의 분리·통합, 노선명의 변화, 운영주체의 변동(국철/사철/만철), 궤간(협궤와 표준궤)과 개궤, 철도역의 신설과 폐지, 철도역의 종류, 차량 기술 발전과 이동 속도, 이용 요금, 철도 시각표 등 고려해야할 대상이 넘치도록 많음에도 불구하고 말이다. 이러한 속성으로 자료 간 정보의 혼재와 부재가 비일비재하고, 이로 인해 역사적 사실을 확정하는데 소요되는 시간과 노력이 적지 않다.

한국 교통사의 측면에서 철도 교통은 내륙수운을 소멸케 한 장본인이다. 최근 고속철도로 새로운 전기를 맞이하는 듯하지만, 철도는 해방 이후 본격적으로 도로 교통과 경쟁하다 결국 도로망과 자동차의 양산에 밀려 1970년대부터는 이미 쇠퇴기에 접어들었다. 한국 철도사의 오래된 과제는 일반 도로교통과 철도교통, 그리고 수운 간의 비교우위를 시기별로 규명하는 것이다. 본 연구는 애초에 과제를 수행하는 것으로 계획된 것이었거니와 궁극적으로도 여기에 상당 부분 초점이 맞춰져 있다.

이를 위한 첫 번째 단계로 수행해야할 것이 한국 철도망을 사실대로 복원하는 것이라 생각하고 있다. 본고에서 전근대부터 일제시기까지 전국 단위 간선도로망과 수로망을 복원하였지만, 이에 대한 본격적인 연구는 아직 진행 중이다. 핵심 포인트 중 하나는 신작로인데, 잠정적이지만 이 신작로가 대부분 기존의 간선도로망을 계승하였다는 점이다. 한편 19세기 말에 완전히 새로운 교통수단으로 유입된 철도 또한 기존 도로망과 상호 영향을 주고받으면서 부설된 측면이 있다. 이는 지역 간 중심지를 연결하는 교통로의 기본적인 속성을 버릴 수 없기 때문이다. 향후 역사지리정보시스템(Historical GIS) 분석툴을 이용하면 이들 주제에 대한 계량화도 어느 정도 가능할 것이다.

철도와 타 교통로와의 관계도 그렇지만 교통 현상은 결국 그 이용 행태를 살피는 것이다. 이 주제는 결국 지역구조로 귀결되는데, 핵심은 20세기 이후 철도선이 과연 한국의 지역구조를 재편했는가이다. 이 문제 역시 단순하지 않기 때문에 국내에서는 아직 뚜렷한 결론이 나지 않은 상태이다. 본 연구에서도 철도선과 그 연선 지역의 인구 성장 간의 관계를 통해 철도가 지역구조를 변화시켰는가를 살펴보았지만, 아직 뚜렷한 결론은 내놓지 못했다. 철도가 지역구조를 재편했다는 명제는 암묵적·집단적 동의하에 구체적 근거 없이 떠도는 막연한 부언(浮言)일 뿐이다. 이를 확인할 수 있는 어떤 논리와 주장도 아직 찾을 수 없다. 물론 부분적으로는 이를 인정할 수도 있겠지만, 전국적인 스케일에서 이 주장이 설득력을 얻기까지는 아직 증명할 것이 너무도 많이 남아 있다.

이 문제를 푸는 열쇠의 하나는 결국 철도가 신흥도시를 건설한 주역이자 신흥도시의 발전과 인구 성장의 절대 기제로 작동하였는지를 검증하는 것이다. 이와 관련하여 1925년과 1935년 사이에서 인구 성장과 철도선 경유의 관계가 최소한 면 단위 지역에서는 정의 상관관계에 있다는 것, 1920년대까지는 전국적인 간선철도망이 거의 구비됨으로써 주요 지역이 이미 철도망 안에 포섭되었다는 것, 그리고 1930년대에는 최소한 여객 수송 부문에서 철도망이 어느 정도 포화 상태에까지 도달했다는 것 등이 본 연구의 중요한 결론이다.

철도와 인구(=도시), 양자의 관계는 마치 닭과 달걀의 문제인 것처럼 보인다. 그리고 실제 상호 시너지 효과를 불러옴으로써 선후 관계가 모호해지는 측면이 분명 존재한다. 그러나 대전이나 익산 등과 같은 몇몇 도시들을 제외하면 철도가 신흥도시를 건설했다는 것은 과장된 해석으로 판단한다. 오히려 철도선은 기존의 전통적인 대도회를 중심으로 부설되었으며, 이들 대도회의 종주성이 강화되면서 주변의 차하 중심지가 결국 철도망으로 인해 쇠락의 길을 걷는 사례도 있다. 물론 이 현상도 지역구조의 재편이라는 측면에서 중요한 사실로 유념할 필요가 있지만, 최소한 철도망 부설=지역 중심지의 탄생이라는 공식은 성립하지 않는다. 이 주제는 지리학이나 역사학, 지역학에서 매우 중요한 문제이다. 그야말로 학제적 연구 내에서 관련 데이터를 구축하고, GIS 툴을 포함한 좀 더 선진적인 연구 방법론을 모색하는 것이 중요한 과제가 될 것이다.

1) 이밖에도 다음와 같은 관련 문헌을 참고하였다. 사카모토 유이치(坂本雄一), 「植民地期朝鮮鐵道における軍事輸送」, 『한국민족문화』 28, 부산대학교 한국민족문화연구소, 2006; 조선철도사편찬위원회 편, 『조선철도사』 1권 창시시대, 1937(경인문화사 영인본, 2000); 나카무라 신고(中村進吾), 『조선철도40년사』, 1935(경인문화사 영인본, 2000); 문통부, 『도표로 본 한국철도운영』, 1962; 철도건설국 편, 『철도건설약사』, 교통교양조성회, 1965; 나카야마 히로시 · 야마다 토시히데(中島廣 · 山田俊英), 『韓國の鐵道』, 도쿄: JTB, 1990; 타나카 요시미(田中女子), 『道路行政』(철도문통전서 15), 도쿄: 춘추사, 1939; 철도청공보관실, 『한국철도사진 75년사』, 철도청, 1974; 철도청철도건설국, 『철도건설사』, 교진사, 1969; 철도청공보담당관실, 『철도건설 80년 약사』, 철도청, 1979. 그 외에 연도별 「철도연표」, 「철도연감」, 「철도연보」, 「철도조사월보」 등을 참조할 수 있다.
그리고 인터넷 상의 백과사전류, 개인 블로그, 동호회(카페) 등의 사이트에서도 유용한 정보를 얻었다. 그러나 이 책에서는 위의 자료를 포함하여 이들 정보에 대한 출처를 일일이 밝히지 못하여 매우 송구한 마음이다. 이로 인해 발생할 수 있는 모든 오류에 대한 책임은 전적으로 필자에게 있으며, 정보 제공자를 포함하여 독자에게 어려운 양해를 구하고 싶다.

2) 김종혁, 「한국의 근현대 지도 제작 약사(略史)」, 『경기도의 근현대지도』, 2005. 淸水靖夫, 「一本統治機關作製たかかる朝鮮半島地形圖の槪要」, 『一萬分一朝鮮地形圖集成』 해제, 日本: 柏書堂, 1986.

3) 조선총독부, 『近世韓國五萬分之一地形圖』, 1914~1918(경인문화사, 1998).

4) 최영준, 「남한강 수운 연구」, 『지리학』 35, 대한지리학회, 1987.

5) 최영준, 『영남대로: 한국 고도로의 역사지리적 연구』, 고려대학교 민족문화연구소, 1990.

6) 김경수, 「영산강 수운 연구」, 고려대학교 교육대학원 지리교육과 석사학위논문, 1987.
   김종혁, 「북한강 수운 연구」, 고려대학교 지리학과 석사학위논문, 1991.
   김종혁, 「조선후기 한강유역의 교통로와 장시」, 고려대학교 지리학과 박사학위논문, 2002.
   김현옥, 「낙동강 수운과 하항취락의 성쇠」, 고려대 교육대학원 석사학위논문, 1997.
   권혁범, 「원주지역의 교통발달과 공간변화」, 동국대 교육대학원 석사학위논문, 1998.

7) 羅燾承, 「錦江水運 市場圈의 변화에 관한 연구: 河港聚落을 중심으로」, 공주교대 논문집 17, 1981.

8) 강영철, 「高麗驛制의 成立과 變遷」, 史學硏究 38, 韓國史學會, 1984.
   南都泳, 『韓國馬政史』, 馬文化硏究叢書 1, 韓國馬史會 馬史博物館, 1977(재판).
   조병로, 『韓國驛制史』, 한국마사회 마사박물관, 2002.
   조병로, 『韓國 近世 驛制史 硏究』, 새미, 2006.
   최일성, 「興原倉 考察」, 祥明史學 3·4합집, 1995.
   崔在京, 「朝鮮時代 '院'에 대하여」, 嶺南史學, 1975.

9) 정재정, 『일제침략과 한국철도: 1892-1945』, 서울대학교 출판부, 1999.

10) 그간 지리학에서 수행된 철도연구는 역사지리적 관점보다는 경제지리 또는 도시지리나 지역학의 입장에 있어왔다. 이에 대한 연구로는 다음과 같은 성과를 참조할 수 있다. 최윤정, 「한국 철도교통망 접근성에 따른 기회잠재력의 공간구조 분석」, 성신여대 지리학과 석사학위논문, 2003; 도도로키 히로시(轟博志), 「수려선 철도의 성격변화에 관한 연구」, 『지리학논총』 37, 서울대학교 지리학과, 2001; 주경식, 「경부선 철도건설에 따른 한반도 공간조직의 변화」, 『대한지리학회지』 29(3), 1994, 297~317쪽; 정경호, 「한국의 철도교통에 대한 지리적 고찰」, 고려대학교 교육대학원 석사학위논문, 1974; 이영민, 「경인선 철도와 인천의 문화지리적 변화」, 『인천학연구』 4, 인천대학교 인천학연구원, 2005.

11) 허우긍, 『일제강점지의 철도 수송』, 서울대학교 출판문화원, 2010.

12) 원자료에 '선계'는 본선과 지선을 아우르는 개념이다. 경부선계는 경인선과 마산선을 포함한다.

1. 지도류

1890년대 : 『구한말 한반도 지형도』, 성지문화사 영인본, 1996

1910년대 : 『근세한국오만분지일지형도』, 경인문화사 영인본, 1998.

1950년대 : 『KOREA 1:50,000 AMS』(남한), 1958.

1950~1980년대 : 『(최근)북한오만분지일지형도』, 경인문화사 영인본, 1997.

기타 : 1950년대 남한 1:50,000 지형도(삼릉문화사), 1:250,000 지세도, 수치지도(Digital Map).

2. 사료

1) 조선총독부 자료

朝鮮總督府鐵道局, 『朝鮮鐵道史 第1卷』, 朝鮮總督府鐵道局, 昭和4(1929).

朝鮮總督府鐵道局, 『朝鮮鐵道史 : 全』, 朝鮮總督府鐵道局, 大正4(1915).

朝鮮鐵道史編纂委員會, 『朝鮮鐵道史 第1卷, 創始時代』, 朝鮮總督府鐵道局, 昭和12 (1937).

朝鮮總督府鐵道局 編,『朝鮮鐵道四十年略史』, 朝鮮總督府鐵道局, 昭和15(1940).

朝鮮總督府鐵道局,『朝鮮鐵道驛勢一班 上卷』, 朝鮮總督府鐵道局, 大正3(1914).

朝鮮總督府鐵道局,『朝鮮鐵道驛勢一班 下卷』, 朝鮮總督府鐵道局, 大正3(1914).

朝鮮總督府鐵道局 編,『朝鮮の鐵道 昭和2』, 朝鮮總督府鐵道局, 昭和3(1928).

朝鮮總督府鐵道局 編,『朝鮮の鐵道 昭和3』, 朝鮮總督府鐵道局, 昭和3(1928).

朝鮮總督府鐵道局 編纂,『(昭和10)朝鮮鐵道一班』, 朝鮮鐵道協會, 昭和10(1935).

朝鮮總督府鐵道局 編纂,『(昭和12)朝鮮鐵道一班』, 朝鮮鐵道協會, 昭和12(1937).

『朝鮮總督府鐵道局年報』, 朝鮮總督府鐵道局, 1913~1927.

朝鮮總督府鐵道局,『朝鮮鐵道狀況』, 朝鮮總督府鐵道局, 1923~1943.

韓國統監府鐵道管理局,『韓國鐵道線路案內』, 明治41(1908).

佐田弘治郎,『朝鮮の私設鐵道』, 大連: 南滿洲鐵道株式會社, 大正14(1925).

大平鐵耕,『朝鮮鐵道十二年計劃』, 朝滿鐵道新報社, 昭和2(1927).

龜岡榮吉,『(朝鮮)鐵道沿線要覽』, 朝鮮拓殖資料調査會, 昭和2(1927).

森尾人志 編,『朝鮮の鐵道運營』, 京城: 森尾人志, 昭和11(1936).

朝鮮總督府 編著, 경인문화사 편집부 편,『韓國鐵道線路案內』影印本, 경인문화사,
    1995.

2) 해방 이후 자료

交通部,『圖表로 본 韓國鐵道運營』, 서울: 交通部, 1962.

鐵道廳 編,『鐵道年表』, 서울: 鐵道廳, 1964.

鐵道建設局,『鐵道建設略史』, 交通敎養助成會, 1965.

한국철도 편,『한국철도 100년 자료집』, 서울: 철도청 공보담당관실, 1995.

철도청 편,『(사진으로 본)한국철도 100년』, 서울: 철도청, 1999.

철도청 편,『한국철도 100년사』, 서울: 철도청, 1999.

철도청 편,『한국철도지도 = Map of Korean national railroad』, 서울: 철도청, 2000.

철도청 홍보담당관실 편,『철도박물관도록』, 서울: 철도청 홍보담당관실, 2002.

한국철도시설공단,『한국철도건설백년사』, 한국철도시설공단, 2005.

3. 논저

1) 단행본

김민영·김양규,『철도, 지역의 근대성 수용과 사회경제적 변용 – 군산선과 장항선』, 선인, 2005.

서선덕 외,『한국철도의 르네상스를 꿈꾸며』, 삼성경제연구소, 2001.

이용상 외,『일본 철도의 역사와 발전 Ⅱ』, BG북갤러리, 2005.

이용상 외,『한국 철도의 역사와 발전 Ⅰ』, BG북갤러리, 2011.

이용상 외,『한국 철도의 역사와 발전 Ⅱ』, BG북갤러리, 2013.

이용상 외,『한국 철도의 역사와 발전 Ⅲ』, BG북갤러리, 2015.

이헌창,『개항기 시장구조와 그 변화에 관한 연구』, 서울대학교 대학원, 경제학과 박사학위논문, 1990.

이헌창,『조선후기 재정과 시장』, 서울대학교 출판문화원, 2010.

정재정,『일제침략과 한국 철도 : 1892~1945』, 서울대 출판부, 1999.

조병로 외,『조선총독부의 교통정책과 도로건설』, 국학자료원, 2011.

조성면,『(질주하는 역사)철도』, 한겨레출판, 2012.

철도청『韓國鐵道史』1~5, 서울: 철도청, 1974~1994.

한국고속철도건설공단,『경부고속철도 건설사 : 태동기에서 시험운행 개시까지』, 한국고속철도건설공단, 2000.

한국철도시설공단,『한국철도건설백년사』, 대전: 한국철도시설공단, 2005

허우긍,『일제 강점기의 철도 수송』, 서울대 출판문화원, 2010.

허우긍·도도로키 히로시,『개항기 전후 경상도의 육상교통』, 서울대학교출판부, 2007.

財團法人 鮮交會,『朝鮮交通回顧錄(運輸編)』, 三元社, 1975.

財團法人 鮮交會,『朝鮮交通回顧錄(行政編)』, 三元社, 1981.

財團法人 鮮交會,『朝鮮交通史』, 三信圖書有限會社, 1986.

財團法人 鮮交會,『朝鮮交通史 資料編』, 三信圖書有限會社, 1986.

高 成鳳,『植民地鐵道と民衆生活 : 朝鮮·臺灣·中國東北』, 法政大學出版局, 1999.

高 成鳳,『植民地の鐵道』, 日本經濟評論社, 2006.

菊地利夫,『歷史地理學方法論』, 東京: 大明堂, 1987(윤정숙 譯,『역사지리학방법론』, 이회문화사, 1995).

菊地利夫,『歷史地理學方法論』, 東京: 大明堂, 1987.

藤岡謙二郎 外,『(新訂)歷史地理』, 東京: 大明堂, 1990.

藤岡謙二郎·服部昌之 共編, 『歷史地理學の群像』, 東京: 大明堂, 1977.

2) 연구논문

강영철, 「高麗驛制의 成立과 變遷」, 史學硏究 38, 韓國史學會, 1984.

구인모, 「일본의 식민지 철도여행과 창가-"滿韓鐵道唱歌"(1910)를 중심으로」, 『정신
　　　문화연구』 116, 2009.

권혁범, 「원주지역의 교통발달과 공간변화」, 동국대학교 교육대학원 석사학위논문, 1998.

기유정, 「일본인 식민사회의 정치활동과 '조선주의'에 관한 연구-1936년 이전을 중심
　　　으로-」, 서울대학교 대학원 정치학과 박사학위논문, 2011.

김경림, 「일제하 조선철도 12년계획선에 관한 연구」, 『경제사학』 12, 1988.

김경수, 「영산강 수운 연구」, 고려대학교 교육대학원 지리교육과 석사학위논문, 1987.

김동철, 「경부선 개통 전후 부산지역 일본인 상인의 투자동향」, 『한국민족문화』 28,
　　　부산대 한국민족문화연구소, 2006.

김백영, 「제국 일본의 선만(鮮滿) 공식 관광루트와 관광안내서」, 『일본역사연구』 39,
　　　일본사학회, 2014.

김백영, 「철도제국주의와 관광식민주의 : 제국 일본의 식민지 철도관광에 대한 이론
　　　적 검토」, 『사회와 역사』 102, 한국사회사학회, 2014.

김양식, 「충북선 건설의 지역사적 성격」, 『한국근현대사연구』 33, 2005.

김제정, 「대공황 전후 조선총독부 산업정책과 조선인 언론의 지역성」, 서울대학교 대
　　　학원 국사학과 박사학위논문, 2010.

김종혁, 「북한강 수운 연구」, 고려대학교 지리학과 석사학위논문, 1991.

김종혁, 「조선후기 한강유역의 교통로와 장시」, 고려대학교 지리학과 박사학위논문,
　　　2002.

김종혁, 「한국의 근현대 지도 제작 약사(略史)」, 『경기도의 근현대지도』, 2005.

김종혁, 「근대 지형도를 통해 본 경인로의 노선 변화」, 『역사문제연구』 18, 역사문제
　　　연구소, 2007.

김지녀, 「최남선 시가의 근대성-'철도'와 '바다'에 나타난 계몽적 공간 인식」, 『국제비
　　　교한국학회』 14(2), 2006.

김진우, 「산업시대 해외식민도시개발 주체의 구조적 특성에 관한 연구 : 영국 동인도
　　　회사, 일본 남만주철도주식회사를 중심으로」, 성균관대학교 건축학과 석사학
　　　위논문, 2011.

김현옥, 「낙동강 수운과 하항취락의 성쇠」, 고려대학교 교육대학원 석사학위논문, 1997.

羅燾承, 「錦江水運 市場圈의 변화에 관한 연구 : 河港聚落을 중심으로」, 공주교대 논문집 17, 1981.

나희승, 「남북 유라시아 철도사업의 의의 및 협력과제」, 『KDI 북한경제리뷰』 16(2), 한국개발연구원, 2014.

南都泳, 『韓國馬政史』(馬文化硏究叢書 1), 韓國馬史會 馬史博物館, 1997(재판).

도도로키 히로시(轟博志), 「수려선 철도의 성격변화에 관한 연구」, 『지리학논총』 37, 서울대학교 지리학과, 2001.

박장배, 「만철 조사부의 확장과 조사 내용의 변화」, 『중국근현대사연구』 43, 2009.

사카모토 유이치(坂本雄一), 「植民地期朝鮮鐵道における軍事輸送」, 『한국민족문화』 28, 부산대학교 한국민족문화연구소, 2006.

서사범, 「북한철도의 약사와 실상의 소고」, 『철도저널』 11(4), 한국철도학회, 2008.

성원용, 「남·북·러 철도협력의 현황과 발전 전망 : '나진-핫산 프로젝트'를 중심으로」, 『슬라브학보』 23(1), 한국슬라브학회, 2008.

송규진, 「일제의 대륙침략기 '북선루트'·'북선3항'」, 『한국사연구』 163, 한국사연구회, 2013.

원두희, 「일제강점기 관광지와 관광행위 연구 : 금강산을 사례로」, 한국교원대학교 석사학위논문, 2011.

윤옥경, 「수인선 철도의 기능 변화에 관한 연구」, 『지리교육논집』 28, 1992.

이미림, 「근대인 되기와 정주 실패-여행소설로서의 〈만세전〉」, 『현대소설연구』 31, 2006.

이수석, 「남북한 철도 연결사업과 주변 관련국가들의 이해」, 『평화학연구』 9(2), 세계평화통일학회, 2008.

이영민, 「개항 이후 경인지역의 역사지리적 변화와 경인선 철도의 역할」, 『지리교육논집』 49, 2005.

이영민, 「경인선 철도와 인천의 문화지리적 변화」, 『인천학연구』 4, 인천대학교 인천학연구원, 2005.

이용상, 「고속철도(KTX)의 발전과 철도의 미래」, 『철도저널』 17(2), 한국철도학회, 2014.

이현희, 「일제침략초기(1905~1919) 재조선일본인의 만주인식」, 연세대학교 사학과 석사학위논문, 2009.

임성진, 「동북아 철도네트워크의 지정학적 의미 : 러일전쟁 전후와 탈냉전 이후 시기의 비교 고찰」, 인하대학교 정치학과 석사학위논문, 2008.

임채성, 「한국철도와 산업부흥5개년계획」, 『경영사학』 19(1), 한국경영사학회, 2004.

전성현, 「일제하 조선상업회의소의 철도건설운동(1910~1923)」, 『석당논총』 40, 2008.

전성현, 「일제시기 東萊線 건설과 근대 식민도시 부산의 형성」, 『지방사와 지방문화』 12(2), 역사문화학회, 2009.

전성현, 「일제하 동해남부선 건설과 지역 동향」, 『한국근현대사연구』 48, 2009.

정경호, 「한국의 철도교통에 대한 지리적 고찰」, 고려대학교 교육대학원 석사학위논 문, 1974.

정재정, 『일제침략과 한국철도 : 1892-1945』, 서울대학교 출판부, 1999.

정재정, 「조선총독부 철도국장 大村卓一과 朝滿鐵道連結政策」, 『역사교육』 104, 2007.

정재정, 「일제하 동북아시아의 철도교통과 경성」, 『서울학연구』 52, 서울학연구소, 2013.

정재현, 「윈난 철도의 건설과 프랑스 제국주의」, 고려대학교 사학과 석사학위논문, 2010.

조성면, 「철도와 문학-경인선 철도를 통해서 본 한국의 근대문화」, 『인천학연구』 4, 2005.

조형열, 「근현대 온양온천 개발 과정과 그 역사적 성격」, 『순천향 인문과학논총』 29, 순천향대학교, 2011.

주경식, 「경부선 철도건설에 따른 한반도 공간조직의 변화」, 『대한지리학회지』 29(3), 대한지리학회, 1994.

竹內祐介, 「朝鮮鐵道 黃海線 沿線市場의 物流構造 : 鐵道貨物輸送統計의 考察을 中心 으로」, 『한일민족문제연구』 24, 한일민족문제학회, 2013.

최영준, 「남한강 수운 연구」, 『지리학』 35, 대한지리학회, 1987.

최영준, 『영남대로 : 한국 고도로의 역사지리적 연구』, 고려대학교 민족문화연구소, 1990.

최일성, 「興原倉 考察」, 『祥明史學』 3·4합집, 1995.

崔在京, 「朝鮮時代 「院」에 대하여」, 『嶺南史學』, 1975.

최현식, 「철도창가와 문명의 향방-그 계몽성과 심미성 교육의 한 관점」, 『민족문학 사연구』 43, 민족문학사연구소, 2010.

허우긍, 『일제강점지의 철도 수송』, 서울대학교 출판문화원, 2010.

菊島啓, 「朝鮮における鉄道の発達と特徴-植民地期の私設鉄道と専用鉄道を中心として」, 『清和法学研究』 1(1), 清和大学法学会, 1994.

菊島啓, 「植民地朝鮮の私設鉄道に関する研究-大正期設立の会社とその特徴」, 『清和 法学研究』 15(1), 清和大学法学会, 2008.

竹內祐介, 「植民地期朝鮮における鉄道敷設と沿線人口の推移」, 『日本植民地研究』 23,

日本植民地研究会, 2011.

矢島桂, 「植民地期朝鮮における「国有鉄道十二箇年計画」」, 『歴史と経済』 52(2), 政治
　　經濟學・經濟史學會, 2010.

清水靖夫, 「一本統治機關作製たかかる朝鮮半島地形圖の概要」, 『一萬分一朝鮮地形圖
　　集成』 해제, 日本: 柏書堂, 1986.

연도별 철도망의 확산
(1899~1945)

연도별 철도망의 확산 과정을 지도화하여 별첨한다. 1945년 해방 당시의 철도망을 밑바탕에 깔고 철로가 부설되는 현황을 연 단위로 표현하였다. 1945년 철도 노선 가운데 경기선(안성-장호원, 1944.12. 철거), 광주선(광주-담양, 1944.10), 경북선(점촌-대구, 1943~1944)은 선로 공출 명령에 의거하여 1944년에 궤도가 철거되었으나, 철거 이후 기간보다 이전의 영업 기간이 훨씬 길고 실존 자체가 중요한 사실임을 인정하여 1945년 철도망에서 제외하지 않았다.

각 도엽에 표기된 레이블(지명)은 역 이름과 동일한 경우도 있지만 기본적으로 구간 이름이고, 당해 연도는 영업 개시 연도 또는 완공 연도를 기준하였다. 전후 시기의 도엽(圖葉)을 대비하면 각 철도선의 부설 기간과 철도망의 지역적 점유 과정, 그리고 철도의 운행 지역 등의 정보를 공간적으로 인지할 수 있다. 예컨대 호남선(대전-목포)의 경우 1911년에 대전-강경, 1912년에 강경-정읍, 1913년에 송정리-목포, 1914년에 정읍-송정리 구간이 각기 개통, 부분 영업을 시작하였으며, 1914년에 완전 개통 및 전 구간 영업이 개시되었음을 각 해당 도엽의 파란색 노선과 구간명을 통해 알 수 있다.

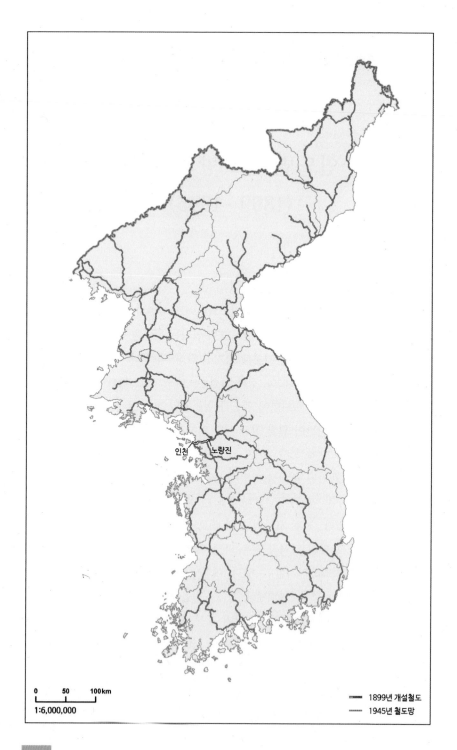

인천 노량진

0 50 100km
1:6,000,000

1899년 개설철도
1945년 철도망

일제시기 한국 철도망의 확산과 지역구조의 변동

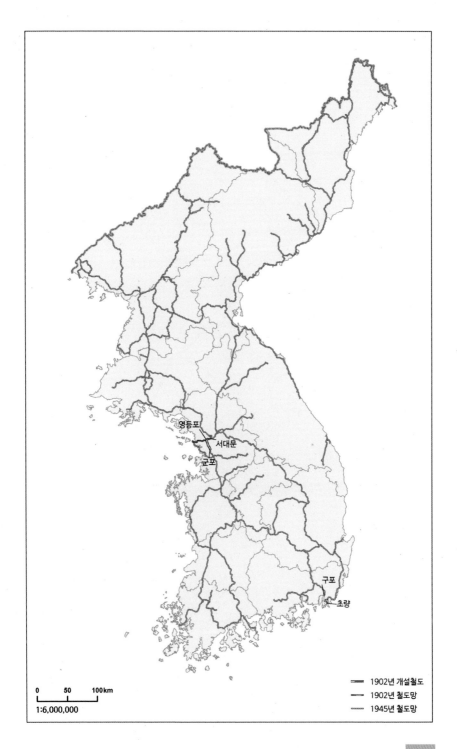

영등포

서대문

군포

구포

초랑

0   50   100km

1:6,000,000

	1902년 개설철도
	1902년 철도망
	1945년 철도망

별첨 : 연도별 철도망의 확산(1899~1945) 277

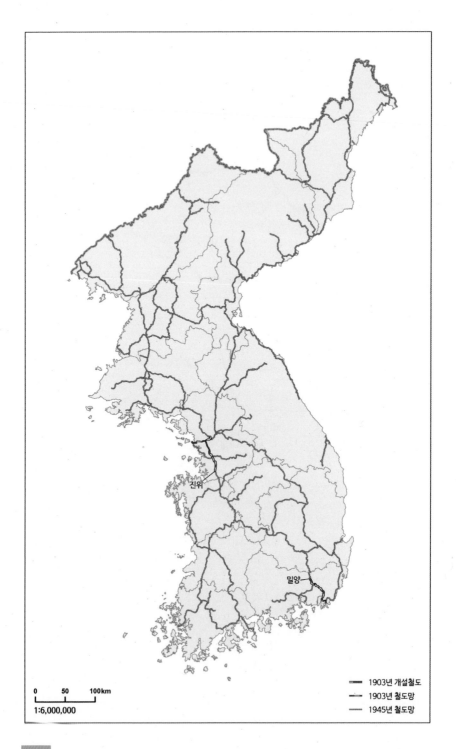

진위

밀양

0   50   100km

1:6,000,000

━━ 1903년 개설철도
┅┅ 1903년 철도망
── 1945년 철도망

일제시기 한국 철도망의 확산과 지역구조의 변동

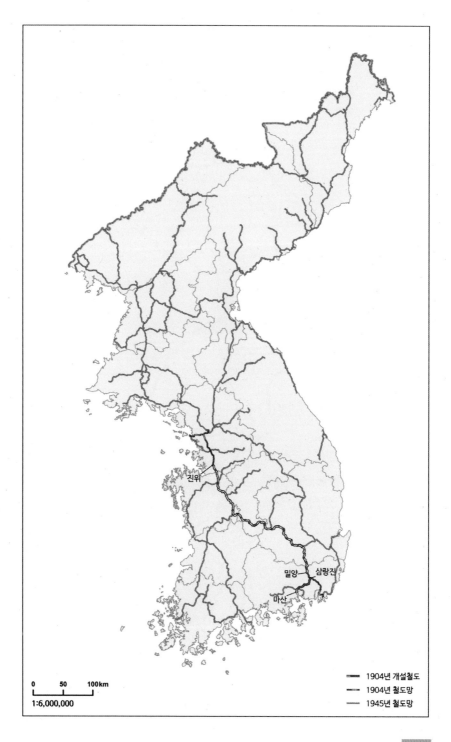

진위

밀양 삼랑진
마산

0   50   100km

1:6,000,000

━━ 1904년 개설철도
━━ 1904년 철도망
━━ 1945년 철도망

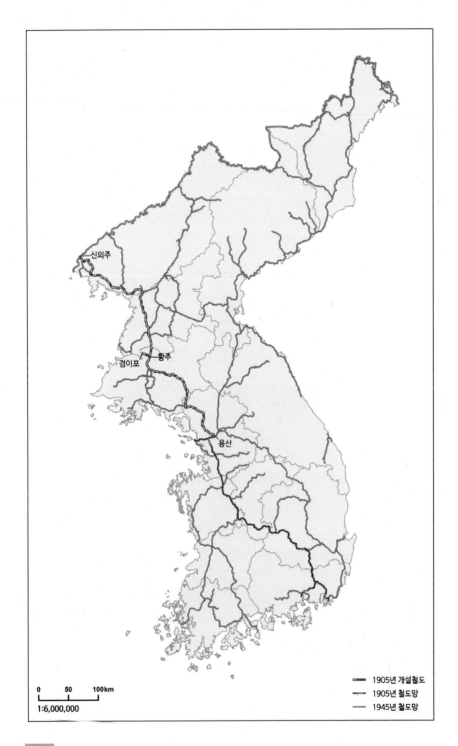

신의주

겸이포 황주

용산

0　　50　　100km	▬▬ 1905년 개설철도
	━━ 1905년 철도망
1:6,000,000	─── 1945년 철도망

일제시기 한국 철도망의 확산과 지역구조의 변동

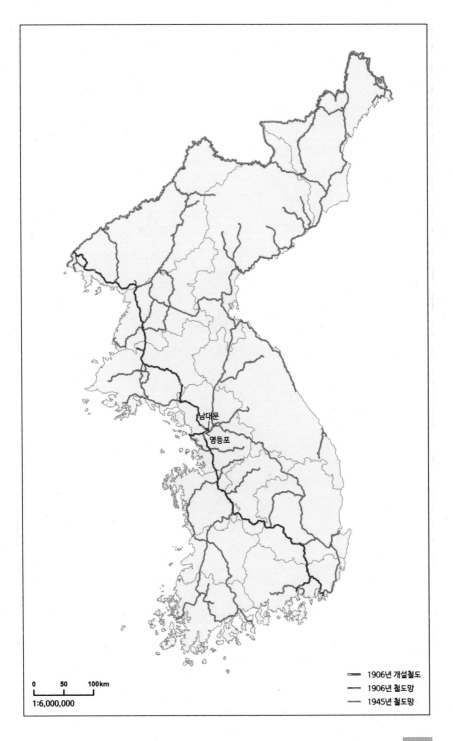

남대문
영등포

0   50   100km

1:6,000,000

	1906년 개설철도
	1906년 철도망
	1945년 철도망

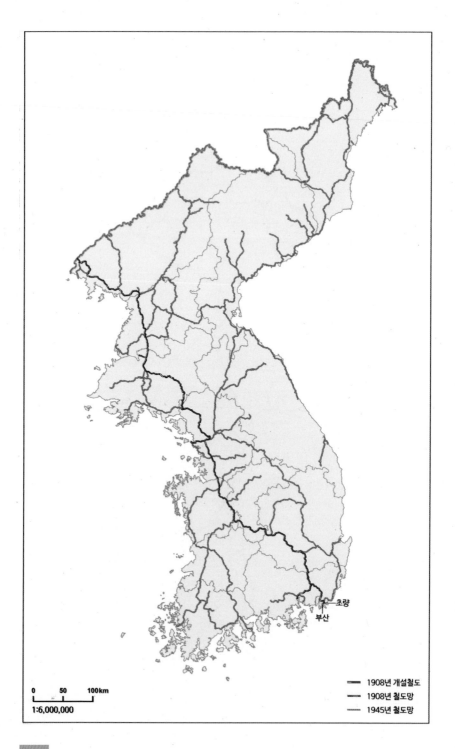

초량
부산

	1908년 개설철도
	1908년 철도망
	1945년 철도망

0 50 100km
1:6,000,000

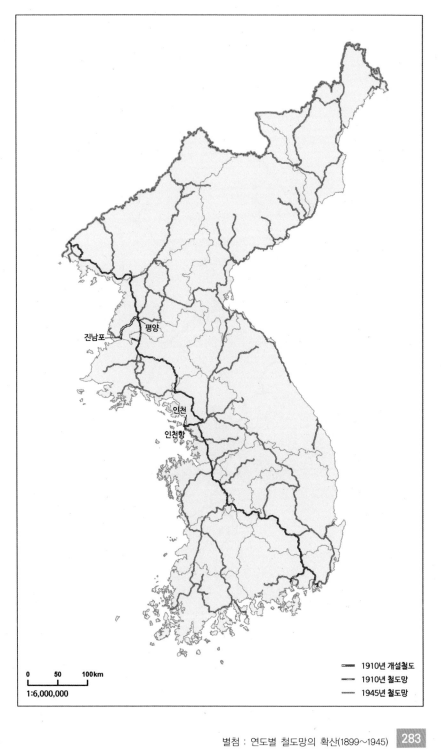

진남포
평양
인천
인천항

0 50 100km
1:6,000,000

━━ 1910년 개설철도
━━ 1910년 철도망
━━ 1945년 철도망

별첨 : 연도별 철도망의 확산(1899~1945)

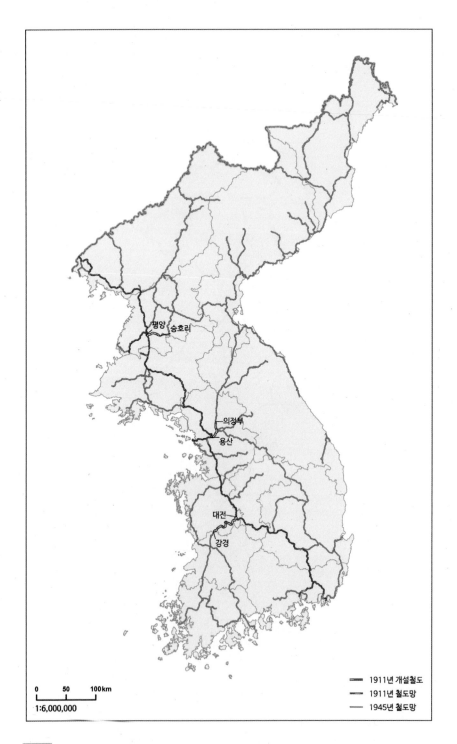

평양
승호리
의정부
용산
대전
강경

1911년 개설철도
1911년 철도망
1945년 철도망

0   50   100km
1:6,000,000

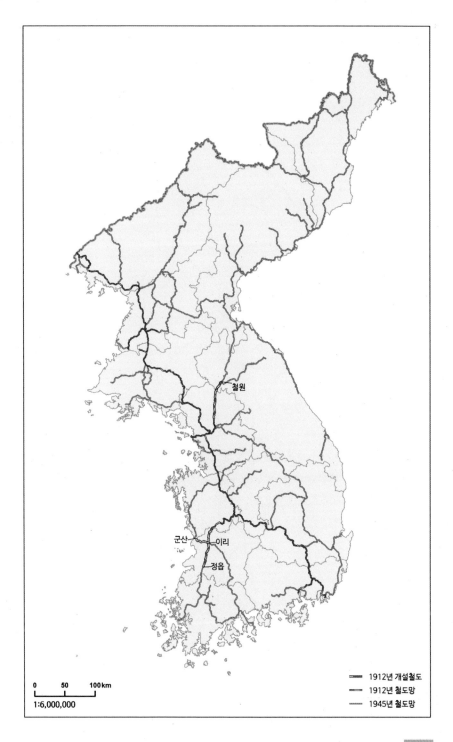

철원

군산 ─ 이리
정읍

0   50   100km
1:6,000,000

─── 1912년 개설철도
── 1912년 철도망
---- 1945년 철도망

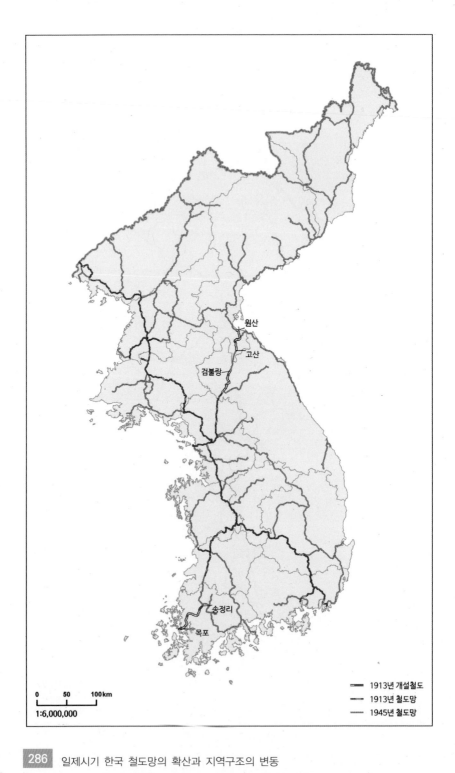

원산

고산

검불랑

송정리

목포

0   50   100km
1:6,000,000

1913년 개설철도
1913년 철도망
1945년 철도망

일제시기 한국 철도망의 확산과 지역구조의 변동

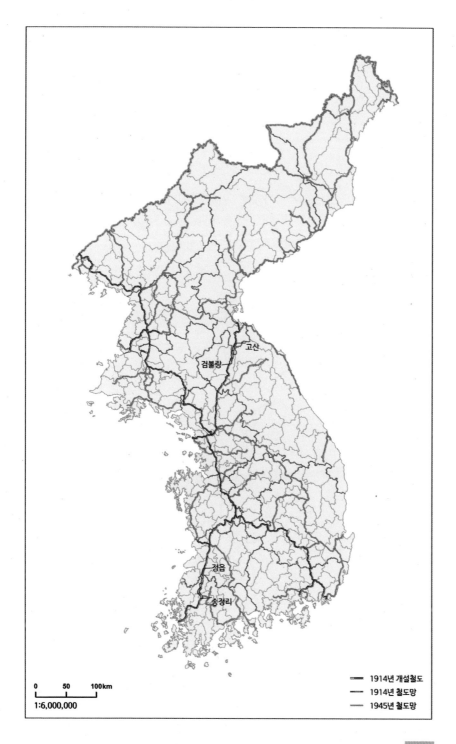

고산

검불랑

정읍

송정리

	범례
▬▬	1914년 개설철도
──	1914년 철도망
──	1945년 철도망

0   50   100km

1:6,000,000

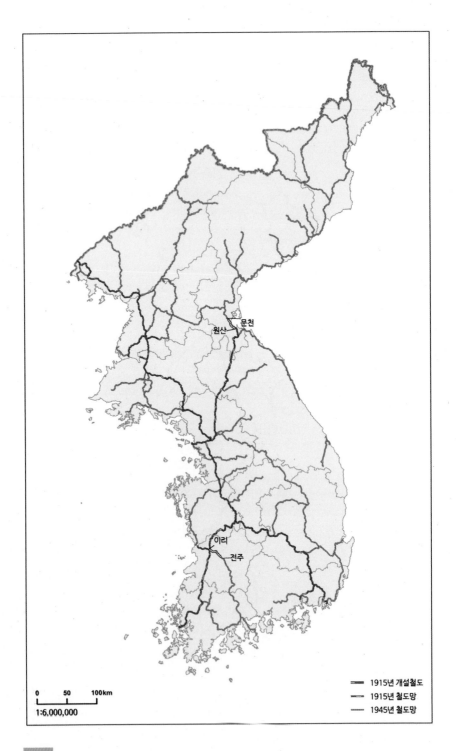

원산
문천

이리
전주

0   50   100km
1:6,000,000

━━ 1915년 개설철도
━ 1915년 철도망
━ 1945년 철도망

일제시기 한국 철도망의 확산과 지역구조의 변동

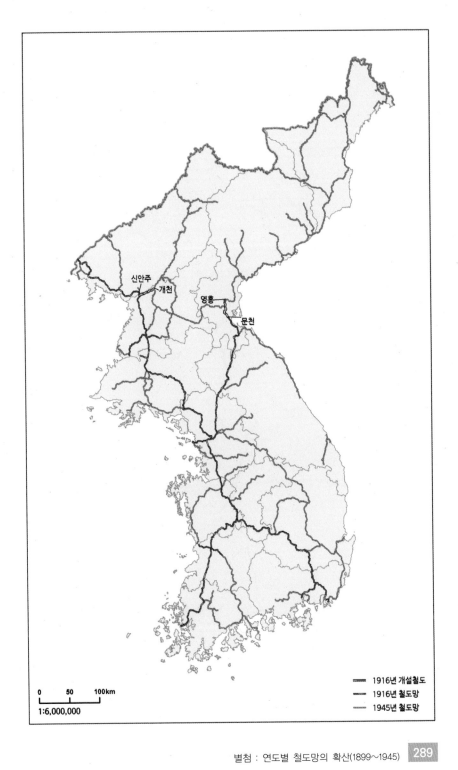

신안주
개천
영흥
문천

0 50 100km
1:6,000,000

1916년 개설철도
1916년 철도망
1945년 철도망

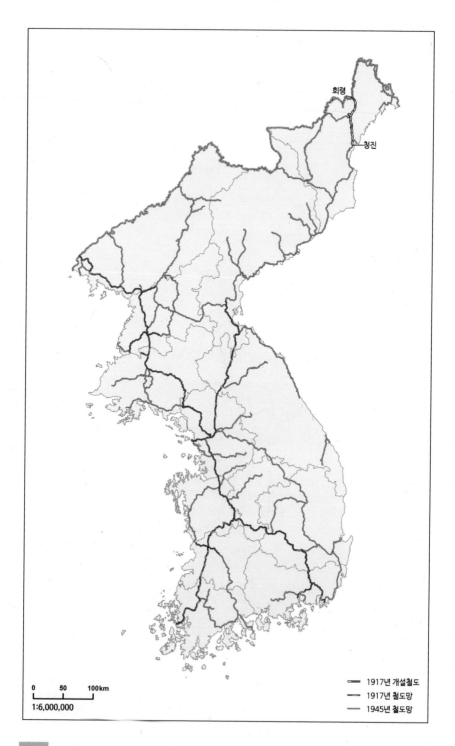

회령

청진

0 50 100km

1:6,000,000

1917년 개설철도
1917년 철도망
1945년 철도망

일제시기 한국 철도망의 확산과 지역구조의 변동

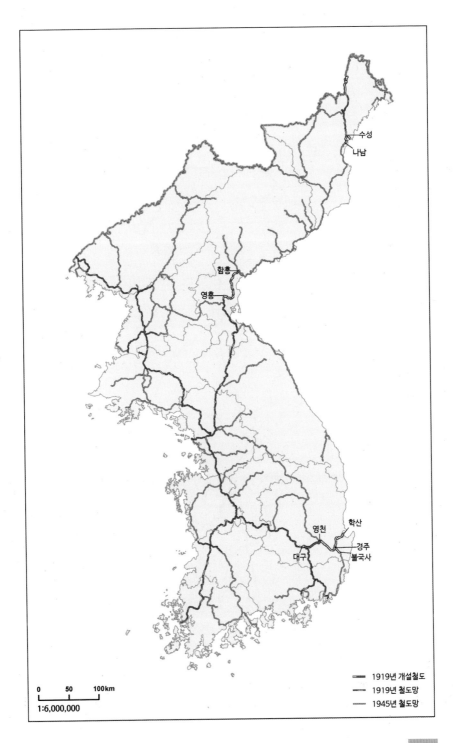

수성
나남

함흥
영흥

학산
영천
경주
대구
불국사

0	50	100km

1:6,000,000

━━ 1919년 개설철도
━ 1919년 철도망
━ 1945년 철도망

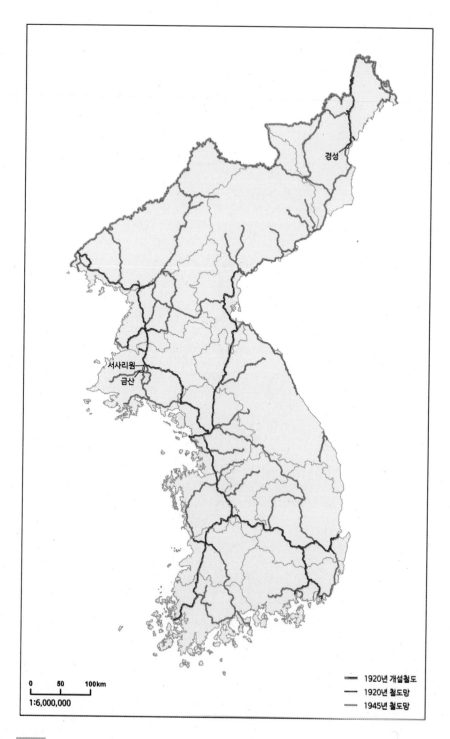

경성

서사리원
금산

0   50   100km
1:6,000,000

1920년 개설철도
1920년 철도망
1945년 철도망

일제시기 한국 철도망의 확산과 지역구조의 변동

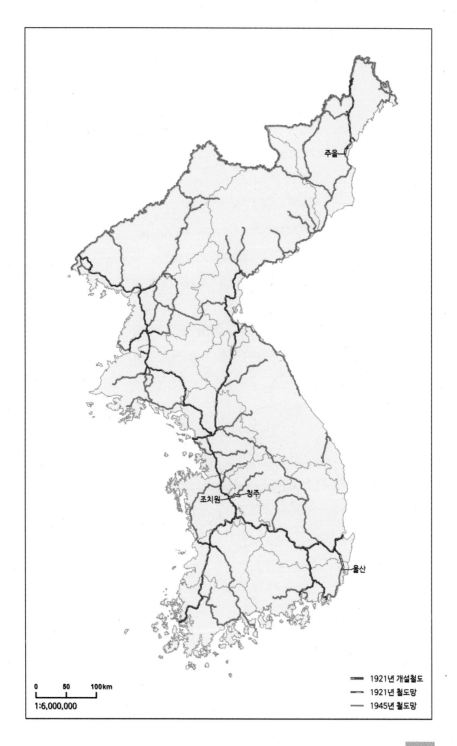

주을

조치원 청주

울산

0 50 100km
1:6,000,000

▬▬▬ 1921년 개설철도
───── 1921년 철도망
───── 1945년 철도망

별첨 : 연도별 철도망의 확산(1899~1945) 293

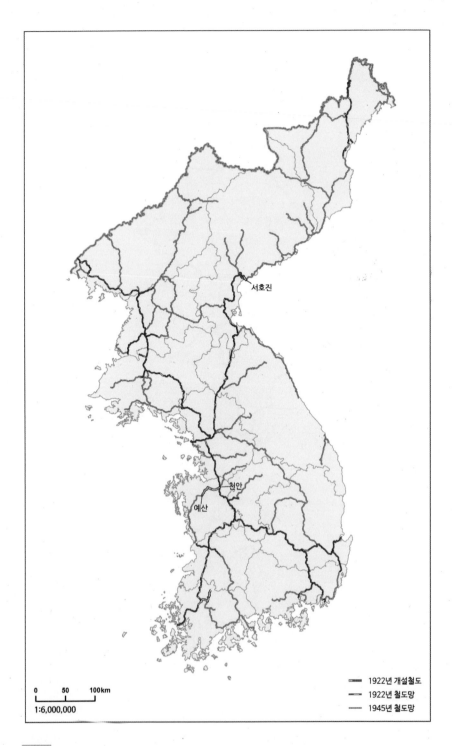

서호진

천안

예산

0 50 100km
1:6,000,000

1922년 개설철도
1922년 철도망
1945년 철도망

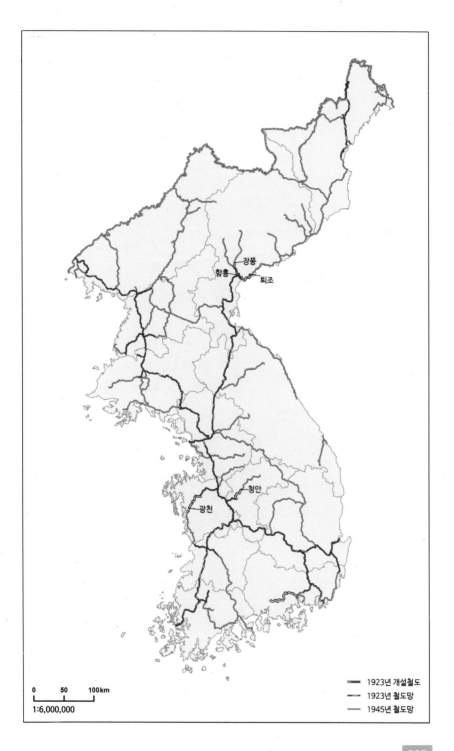

장풍
함흥
퇴조

청안
광천

0   50   100km
1:6,000,000

——— 1923년 개설철도
——— 1923년 철도망
——— 1945년 철도망

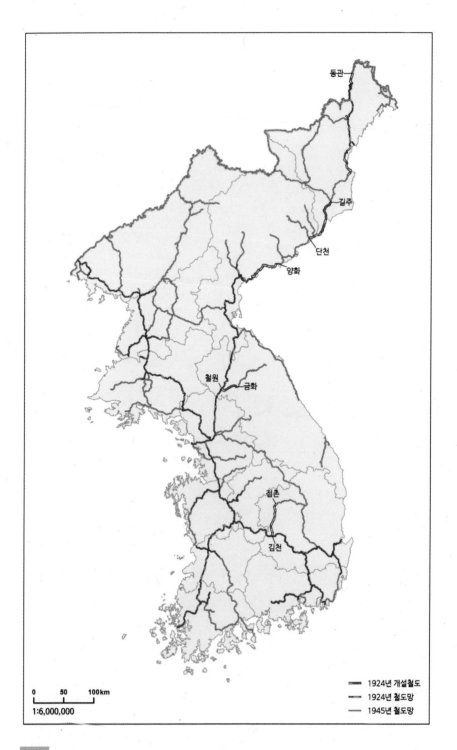

동관

길주

단천

양화

철원

금화

점촌

김천

- 1924년 개설철도
- 1924년 철도망
- 1945년 철도망

일제시기 한국 철도망의 확산과 지역구조의 변동

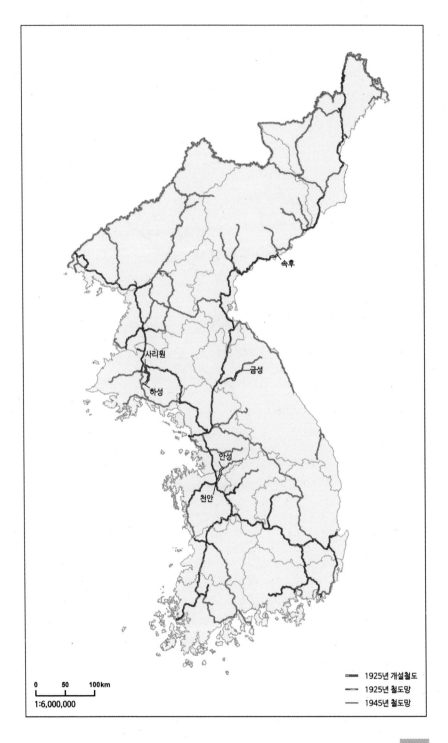

속후

사리원

금성

하성

안성

천안

0   50   100km

1:6,000,000

—— 1925년 개설철도
—— 1925년 철도망
—— 1945년 철도망

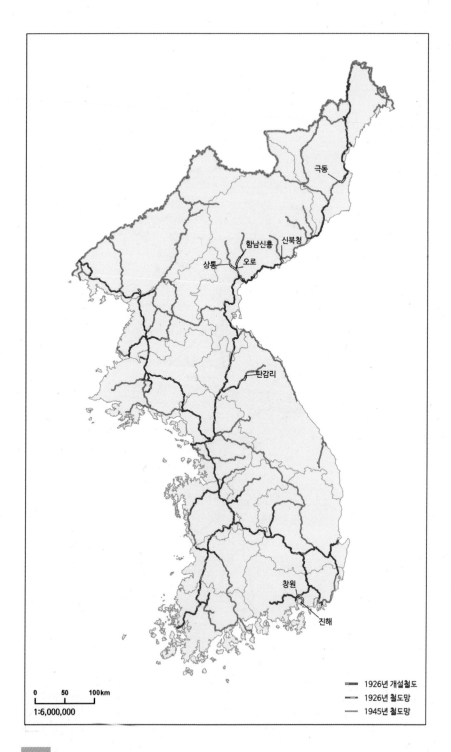

극동

함남신흥 신북청
상통 오로

탄감리

창원
진해

0 50 100km
1:6,000,000

1926년 개설철도
1926년 철도망
1945년 철도망

일제시기 한국 철도망의 확산과 지역구조의 변동

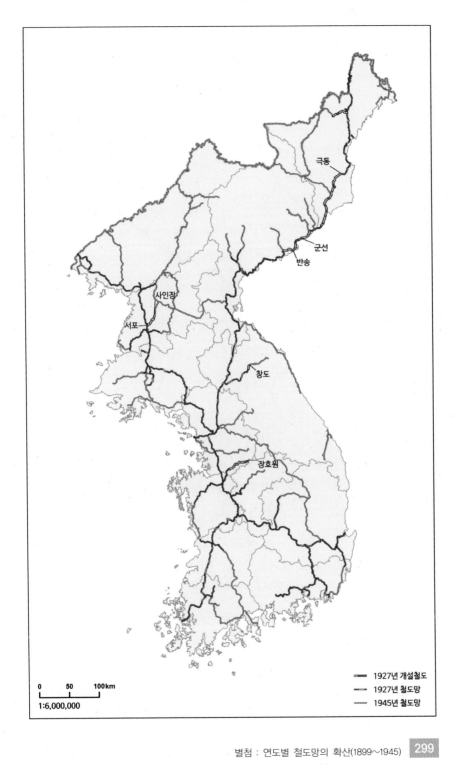

극동

군선
반송

사인장

서포

창도

장호원

0   50   100km

1:6,000,000

1927년 개설철도
1927년 철도망
1945년 철도망

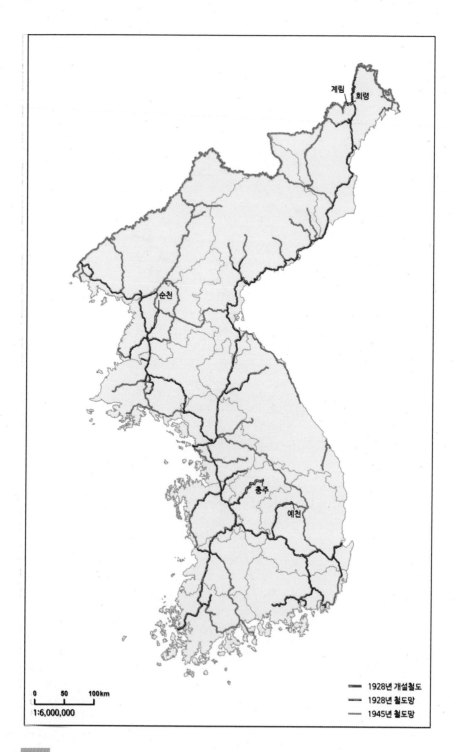

게림
회령
순천
충주
예천

0　　50　　100km	
1:6,000,000	

━━ 1928년 개설철도
─── 1928년 철도망
─── 1945년 철도망

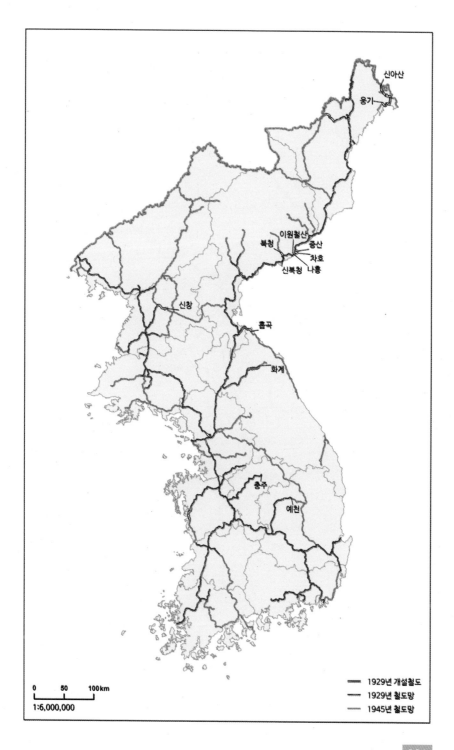

신아산
웅가
이원철산
북청
증산
차호
신북청 나흥
신창
흡곡
화계
충주
예천

0 50 100km

1:6,000,000

━━━ 1929년 개설철도
━━━ 1929년 철도망
━━━ 1945년 철도망

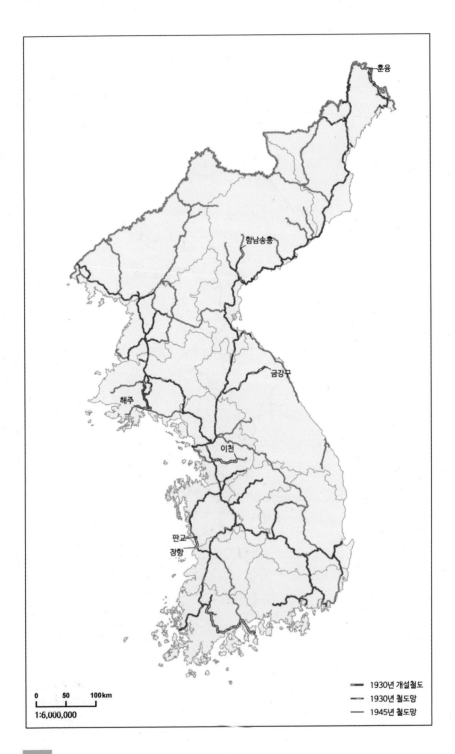

훈융

함남송흥

금강구

해주

이천

판교
장항

0   50   100km
1:6,000,000

━━ 1930년 개설철도
━━ 1930년 철도망
━━ 1945년 철도망

일제시기 한국 철도망의 확산과 지역구조의 변동

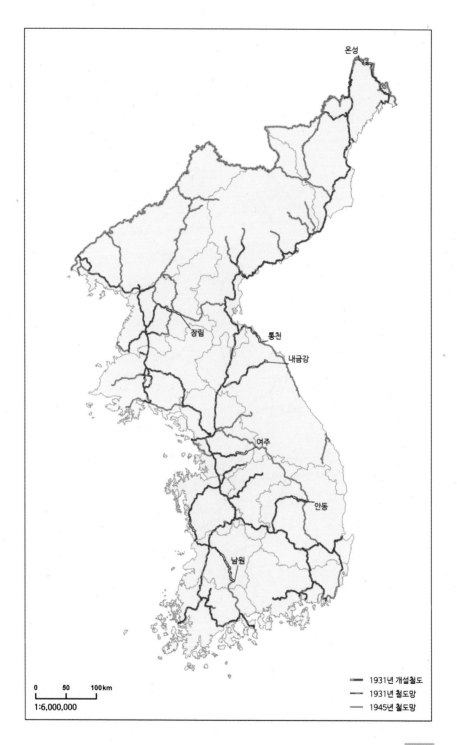

온성

장림

통천

내금강

여주

안동

남원

0   50   100km

1:6,000,000

—— 1931년 개설철도
—— 1931년 철도망
—— 1945년 철도망

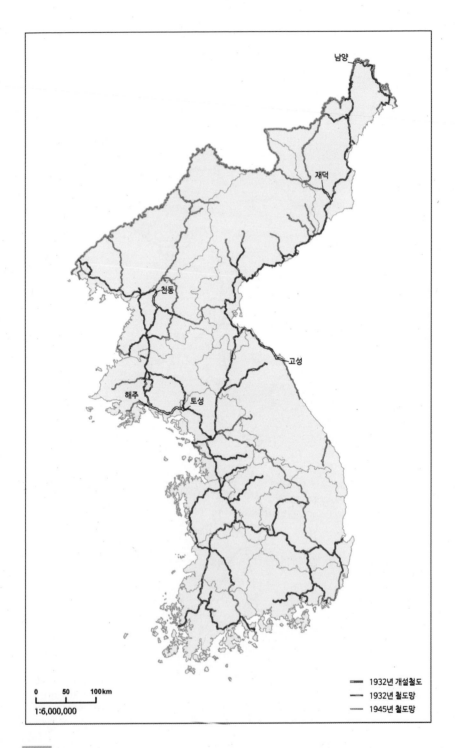

남양

재덕

천동

고성

해주

토성

	1932년 개설철도
	1932년 철도망
	1945년 철도망

0   50   100km

1:6,000,000

일제시기 한국 철도망의 확산과 지역구조의 변동

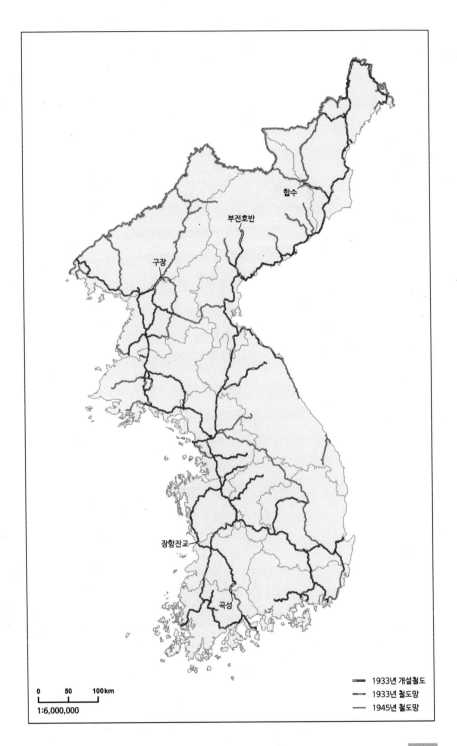

합수

부전호반

구장

장항잔교

곡성

0	50 100km
1:6,000,000	

━━ 1933년 개설철도
━━ 1933년 철도망
━━ 1945년 철도망

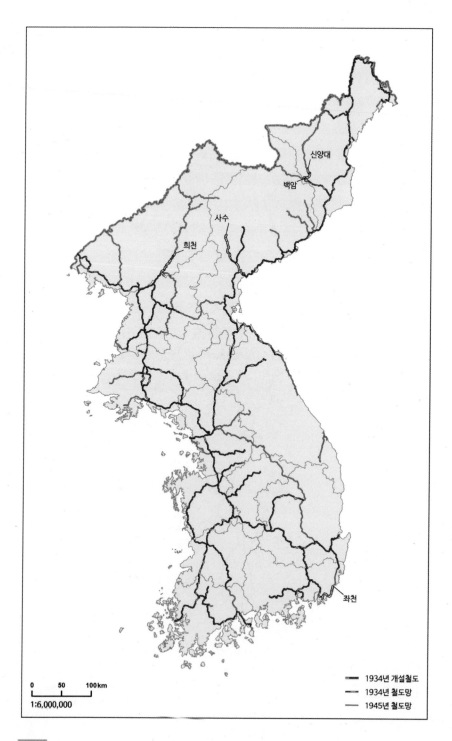

신양대

백암

사수

희천

좌천

0   50   100 km
1:6,000,000

1934년 개설철도
1934년 철도망
1945년 철도망

일제시기 한국 철도망의 확산과 지역구조의 변동

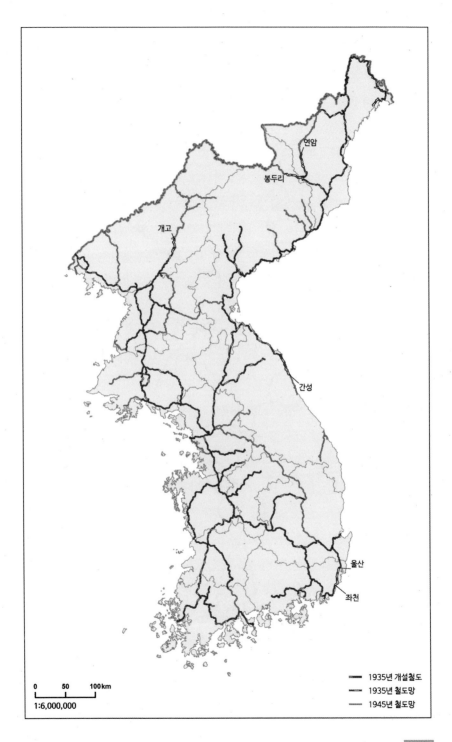

연암

봉두리

개고

간성

울산

좌천

▬▬▬	1935년 개설철도
▬▬▬	1935년 철도망
▬▬▬	1945년 철도망

0   50   100km

1:6,000,000

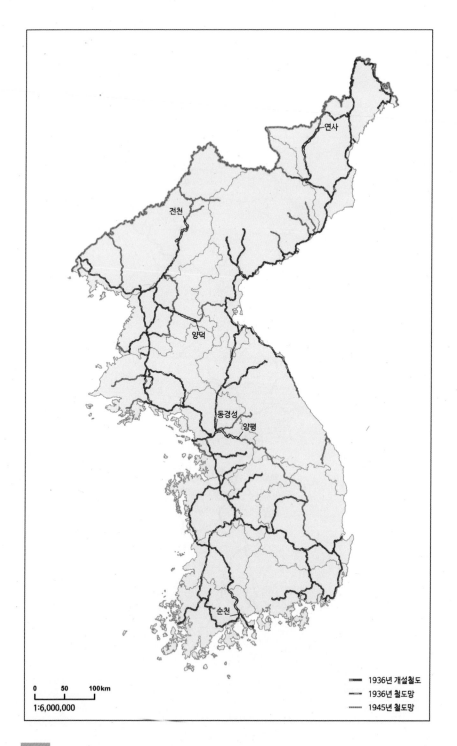

연사

전천

양덕

동경성
양평

순천

0   50   100km
1:6,000,000

—— 1936년 개설철도
—— 1936년 철도망
----- 1945년 철도망

일제시기 한국 철도망의 확산과 지역구조의 변동

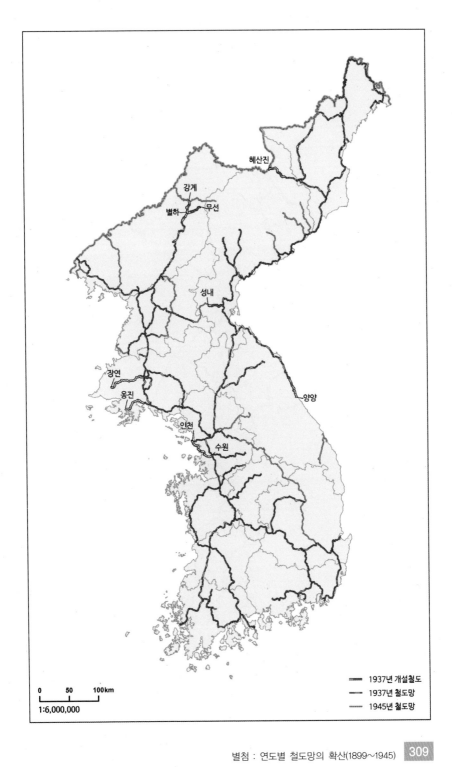

혜산진

강계
별하 무선

성내

장연
옹진
양양

인천
수원

0   50   100km
1:6,000,000

━━━ 1937년 개설철도
━━━ 1937년 철도망
━━━ 1945년 철도망

별첨 : 연도별 철도망의 확산(1899~1945)

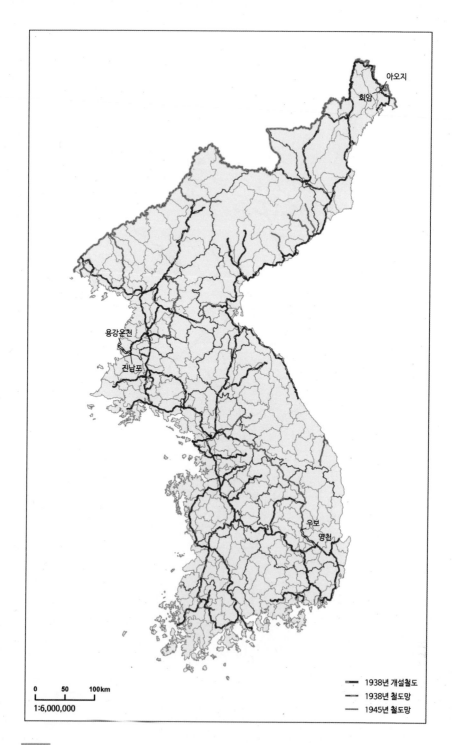

아오지

회암

용강온천

진남포

우보

영천

▬▬	1938년 개설철도
──	1938년 철도망
──	1945년 철도망

0   50   100km

1:6,000,000

일제시기 한국 철도망의 확산과 지역구조의 변동

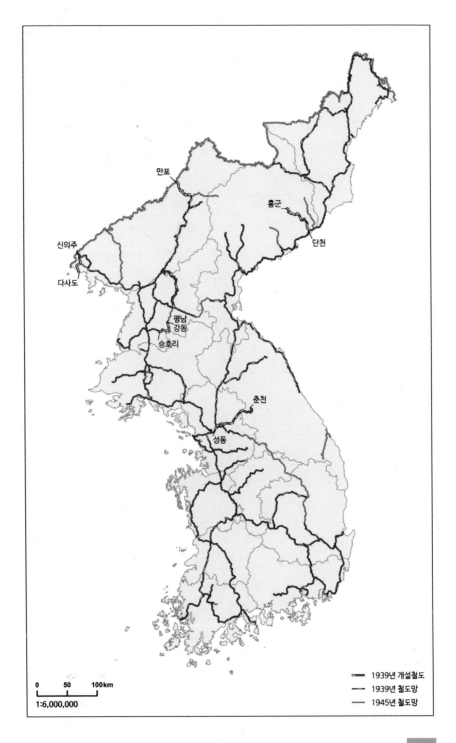

만포

홍군

신의주

단천

다사도

평남
강동

승호리

춘천

성동

0   50   100km

1:6,000,000

━━ 1939년 개설철도
── 1939년 철도망
── 1945년 철도망

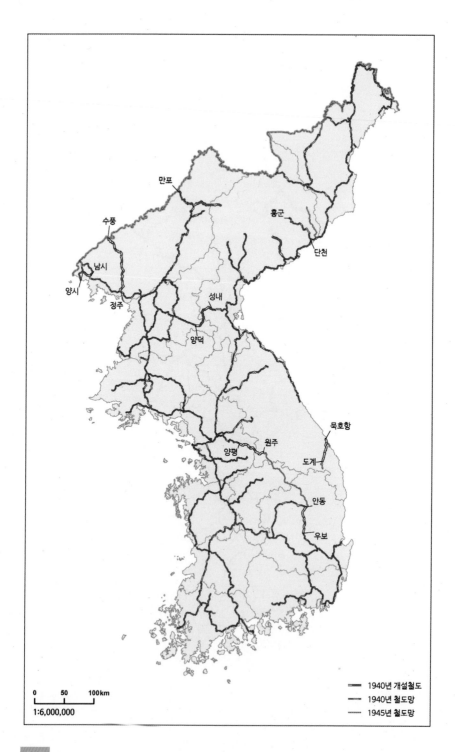

만포

훙군

수풍

단천

남시

양시

성내

정주

양덕

묵호항

원주

양평

도계

안동

우보

0 50 100km	⎯⎯ 1940년 개설철도
	⎯⎯ 1940년 철도망
1:6,000,000	⎯⎯ 1945년 철도망

일제시기 한국 철도망의 확산과 지역구조의 변동

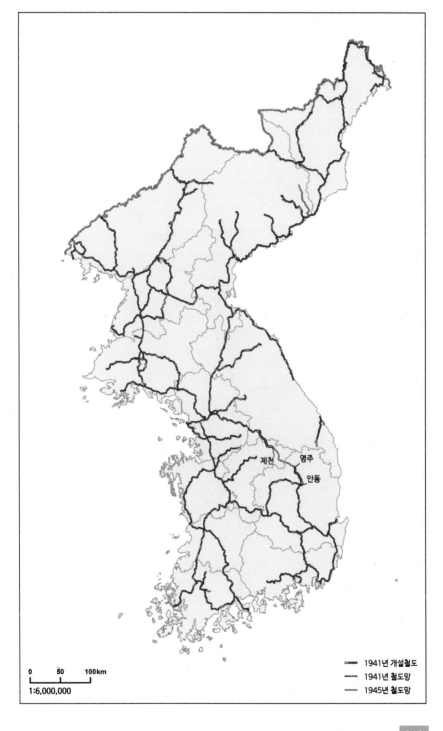

제천
영주
안동

0 50 100km

1:6,000,000

━━ 1941년 개설철도
─── 1941년 철도망
─── 1945년 철도망

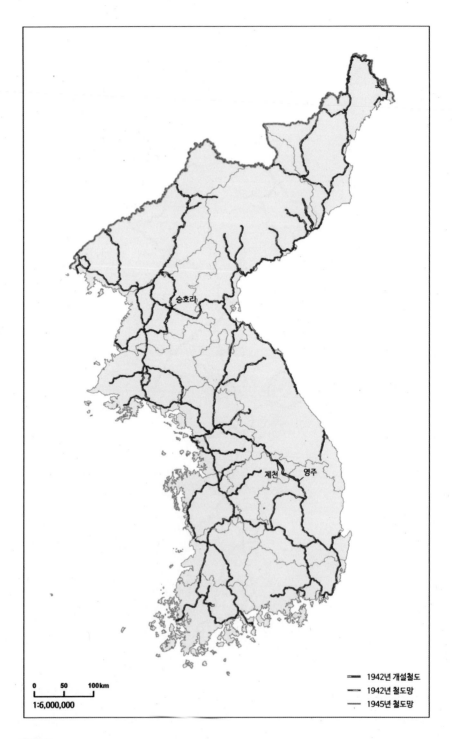

일제시기 한국 철도망의 확산과 지역구조의 변동

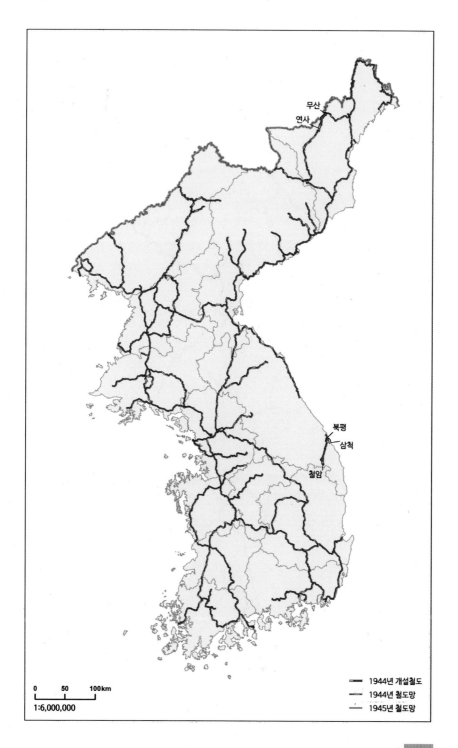

무산
연사

북평
삼척
철암

0   50   100km
1:6,000,000

— 1944년 개설철도
— 1944년 철도망
— 1945년 철도망

별첨 : 연도별 철도망의 확산(1899~1945)   315

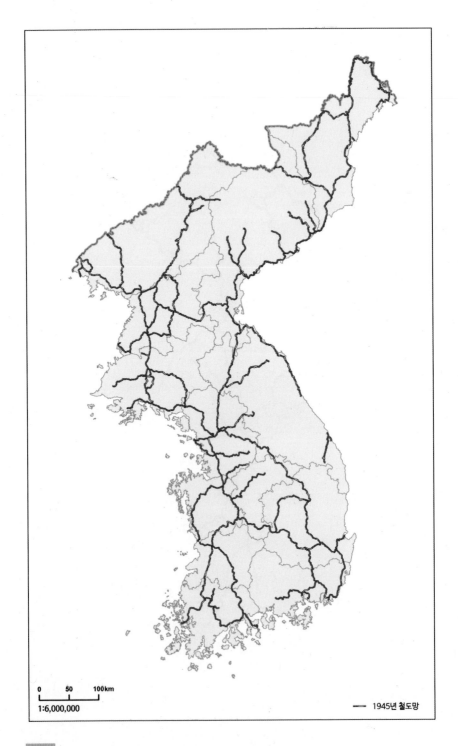

0   50   100km
1:6,000,000

—— 1945년 철도망